novum pro

Bíró Béla

Káprázat-
siratók

novum pro

Minden jog fenntartva,
beleértve a mű film,
rádió és televízió, fotómechanikai
kiadását, hanghordozón és elektronikus
adathordozón való forgalmazását,
valamint kivonat megjelentetését, illetve
az utánnyomását is.

Nyomtatva az Európai Unióban
környezetbarát, klór- és savmentes,
fehérített papírra.

© 2025 novum publishing gmbh
Rathausgasse 73, A-7311 Neckenmarkt
kiado@novumpublishing.hu

ISBN 978-3-7116-0463-7
Lektor: Sósné Karácsonyi Mária
Borító: Bíró Béla
Tördelés & nyomda: novum publishing

www.novumpublishing.hu

„Talán dünnyögj egy új mesét
fasiszta kommunizmusét – ..."
József Attila

Tartalomjegyzék

I. 9

II. 18

III. 113

IV. 117

V. 124

# I.

I.

Ült a kert árnyas sarkában, s gyönyörködött az általa rögtönzött „vadonban". (A felesége keresztelte – a tőle megszokott ironikus gyöngédséggel – annak.) Mikor ideköltöztek, a frissen épült házat csak egy kopár telek vette körül. A gyümölcsfákat, de még a harsányan zöld, vörös, sárgás levelű cserjéket, a jácint-, japánbirs- és rózsabokrokat, a tulipánokat, az épp elvirágzóban lévő kardvirágokat, a pompázatos dáliákat mind-mind ő telepítette. A felesége városi lány volt, mit sem értett a kertészkedéshez, bár önfeledten és soha el nem mulasztott öleléssel méltányolta férje dzsungelét. A dolog kölcsönös volt, hiszen felesége viszont a lakást virágozta fel, szebbnél szebb szobanövényekkel.

A nyárutói égbolt sugárzóan kéklett. A cseresznyefa azonban a kert túloldalán néha már elejtett egy-egy sárguló levelet, melyet aztán pillangósan röptetett tova a szél.

Közben egy emlékfoszlányon töprengett, melyet már csaknem elfelejtett. Talán az őszbe hanyatló látvány hívta elő valahonnan a feledés repedéseiből.

A kilencvenes évek elején még – román-magyar szakosként – a kiegyensúlyozott román-magyar együttélés eszményének elkötelezett híve volt. Ez akkor még nem számított a romániai magyar nyilvánosság föltétlen tudatállapotának. (Nem mintha ma már az volna.)

Percekkel korábban a feleségével vitázott, aki, mióta a fiaik és unokáik miatt ide, Kolozsvár közvetlen közelébe költöztek, egyre nehezebben viselte el, hogy az egyetemi éveikből még bensőségesen ismert Kolozsvár már nem is hasonlít arra, ami volt. Ezt ugyan hősünk is látta, de mivel egyetemi éveinek jelentős részét románok között töltötte, ő ezt már könnyebben viselte el. A helyzet szülte empátiát (mielőtt véleményt alkotsz, próbálj a másik – olyan, amilyen – fejével is gondolkozni) képtelen volt már levetkőzni. Voltaképpen a felesége sem viszolygott a „másoktól". Sőt. Minden élő románnal percek alatt összebarátkozott, de úgy vélte, hogy ha ő megpróbál román fejjel is gondolkozni, a partnerei is tehetnének némi erőfeszítést. Egyébként a románok iránti empátiához neki talán tárgyszerűbb alapja is lett volna, mint a férjének, lévén, hogy a családi hagyomány szerint partiumi ősanyái közt neki is akadt egy Florica. De talán épp ezért rókonyaitól úgymond többet várt volna el, mint amennyire kerti magányában számíthatott. A különös székely tájszóval, a „rókonnyal" a férje froclizta néha. Ő ugyanis – a családi dokumentumok szerint legalább a 16. századig visszamenően – színtiszta székely volt. Mindkét ágról.

Az asszony az évek teltével ráadásul mind gyakrabban fakadt ki: „Mindent elvettek tőlünk, mit akarnak még?" A kolozsváriak, ha nehezen is, de hozzászoktak a „világ változásához", de neki – Székelyföldről érkezett nagyváradiként – sehogy sem akart ez sikerülni. Abba sem volt képes belenyugodni, hogy a Bánffy-palotán még mindig nincs rajta a románokkal mélyen rokonszenvező Bánffy neve. Bánffy Erdély-trilógiáját ő is románul olvasta újra (a magyar eredetit a költözködéskor valaki „megtarthatta magának") – a háromkötetes fordítást imádott román orvosának vásárolta meg –, de aztán megvásárolt még egy példányhármast, mert minekutána az első kötetbe beleolvasott, románul sem tudta abbahagyni... Váradi lévén legalább olyan könnyedén olvasott románul, mint (akkor már) a férje. Időközben az is kiderült, hogy a könyvet egy román, de magyarul tökéletesen beszélő ismerős, félig rokon, Marius Tabacu fordította románra...

2.

De ő most erre csupán futólag gondolt. Eredetileg az jutott eszébe, hogy bár a fordulat után a hazai sajtóban ő volt az egyetlen, aki (a sepsiszentgyörgyi *Háromszék* első számában) arra figyelmeztetett, hogy „Ceaușescut lelőtték, de a sok kis ceaușescu itt marad velünk...", még mindig hitt abban, hogy az

„európai demokrácia" a kisebbségi kérdéseket is képes lesz – ha kínnal-keservvel is – de „lerendezni". („Megoldani"... vetette közbe a felesége, akit – magyartanárként – mindig ingerelt a férj „sajtó-magyar" szóhasználata.) Férje ennek a lerendezésnek a nevében és hitében írta tele – román-magyar „közeledést egyengetni szándékozó" – szövegekkel a rövid életű bukaresti *Timpul*, a 22[1] és a ma már *Dilema veche* címen megjelenő *Dilema* mellett a magyarországi lapokat is. A *Magyar Hírlap*ot, melynek véleményrovatát a félig-meddig rétyi származású (ámbár részint francia gyökerű) Szále László szerkesztette, és a *Népszabadság*ot, melynek véleményrovatán viszont a velejéig elfogult Révész Sándor uralkodott. (Révész az ő írásait is folyton a lap ideológiájához próbálta sokszoros levélváltás nyomán hozzáigazítani. Kapcsolatuknak egy idő után – bár a főszerkesztő engedékenyebb volt – meg is kellett szakadnia. Voltaképpen akkor döbbent rá, hogy az ő demokratikus-internacionalista meggyőződéseit az önnön – nem mindig internacionalista, s még kevésbé demokratikus – céljaik érdekében szabályosan manipulálják. Bodor Pál mondta el egyszer – s ez tényleg mellbe is vágta –, hogy „túl naiv vagy, ráadásul olcsón is adod, magad, mások sokkal többe kerülnek". Akkor értette meg, hogy Bodor is úgy vélte, hogy őt (mármint az Erdélyből áttelepült Bodort mint a magyar sajtó egyik vezéregyéniségét) hellyel-közzel szintén manipulálják. Hősünk már kifejezetten ezért tűnt el a magyar sajtóból. A felismerés miatt, hogy őt még inkább manipulálhatják... Hiszen a magyarországi honoráriumok (bár a pénz túlságosan soha nem érdekelte, a Sapientiáig minden munkahelyén neki volt a legkisebb a fizetése) az itthoniak sokszorosai voltak. Akkor jutott eszébe, hogy az élesen „antinacionalista" *Magyar Narancs*ban megjelenhetett egy írása a székelyföldi autonómiáról. Hogyan? Erről akkortájt a magyar sajtóban szó sem eshetett. Nyilván ezzel „legitimálták". Hazai használatra.

---

1 A hetilap címe 1989. december 22-re a Ceaușescu elleni lázadás kirobbanásának napjára utal.

Szále László – bár ez korábban volt, mert közben őt is le-lecserélték, vagy maga állt félre – gyarló helyesírását szinte már észrevétlenül javítgatta, de soha egyetlen mondatát sem írta át, még ha a lap alapkoncepciójával nem egyezett is. (S ez néha valóban meg is történt. A *Magyar Hírlap* Véleményrovata tényleg Véleményrovat volt. A szó legnemesebb értelmében. S ezt nem valamiféle elfogultság mondatja vele. Tény.) S a Liget című folyóirat sem manipulált soha, szövegeit Levendel Júlia és Horgas Béla sem próbálta a saját szája íze szerint átírni. Ők adták ki talán a legigényesebb írásait. Csupán az idézeteit és a nyelvi bakikat javították ki, mert ő mindig a saját füle után írta át őket. Az erdélyi Kriterion ezt sajnos nem mindig tette meg. Egy példa. A *tragikum tragédiája* című kötetében József Attila *Két hexameter*-e hibásan jelent meg. Egy ostoba elírás szétzilálta az epigramma csodálatos zeneiségét. Magyartanár felesége (aki tanítványainak egész órát szánt a témára) ezt soha nem tudta megbocsátani. Júliéknál ez sem fordulhatott volna elő.

De az utolsó trauma nem Bodor Pál volt, hanem Lászlóffy Aladár, aki – akkor már „kissé" szeszesen (mindannyian azok voltak addigra) egy, a Nemzeti Múzeum előcsarnokában szervezett összmagyar találkozón – odaült az asztala mellé és közölte vele: „Tudod, hogy ti, Bírók áruljátok Erdélyt!" (A másik, szociológus kollégája, Bíró Zoltán volt, aki szintén közölgetett a magyarországi sajtóban is, de az összejövetelre még csak meghívást sem kapott...)

Akkor még mindenkiben nyílt sebként sajgott a marosvásárhelyi pogrom. De a magyarok többsége azért Smaranda Enachéval, a marosvásárhelyi román értelmiségivel értett egyet, aki szerint az összecsapások nem a „románok", hanem a titkosszolgálat átmentésén munkálkodó hivatásos felbujtók számlájára írandók. S ezt Smaranda némileg visszafogottabban a román televízió nyilvánossága előtt is hajlandó volt elmondani. Igaz, a Székelyföld – a nagyvárosok mind agresszívabb elrománosítása fejében – „külön jogokkal" rendelkezett. Sepsiszentgyörgyön (ismét) egyfajta fakuló „magyar világ" volt. Onnan nézvést egészen másként festettek a dolgok, mint a szélsőségesen nacionalista

Gheorghe Funar[2] alatt már nyílt magyargyűlölettől szenvedő Kolozsváron vagy Erdély egyéb nagyvárosaiban. (Ez volt az az idő, amikor Funar a kolozsvári főtér padjait – ülőkéstől – piros-sárga-kékre mázoltatta...)

Ahogyan évekkel korábban azt sem tekintette szégyenletesnek, amikor – szülei illegalista múltjára hivatkozva – tanárai rábeszélték a párttagságra. Ő akkor még naivan, sőt némi büszkeséggel is (ő volt az alapszervezetben a második egyetemista) el is fogadta az ajánlatot. Sőt. A friss, Ceaușescu-féle „szólásszabadság" légkörében (hatalomra jutásakor minden dörzsölt diktátor lazábban kezdi) az Egyetemi Központ évi konferenciáján – a berlini *Freie Universität*re hivatkozva – a megfelelő ifjonti hevülettel azt követelte, hogy Kolozsváron is létesítsenek román és magyar egyetemi lapokat, melyekben a szerkesztők kurzuskritikákat is közölhetnének. (A hallgatóság – csupa egyetemi oktató – zavarodottan tekintgetett körbe, de ő ezt még helyeslésként érzékelte.)

Mellesleg a román-magyar szak ténybeli magyarázata is az volt, hogy hősünk Lajcsi bácsinak, a szakmájáért rajongó sepsiszentgyörgyi némettanárnak a javaslatára eredetileg német-magyarra készült, de amikor a felvételi küszöbén megismerkedett az akkor még köztük élő szászokkal, akikből úgy ömlött a deutsch, mint belőle a székely, „berezelt" és román-magyarra nyergelt át.

Az ülésről kimenet azonban Lászlóffy odasúgta neki: „Édes fiam, fogalmad sincs, miket beszélsz. Ráfázhatsz!" Alig két napjába tellett, amíg tényleg megértette, hogy a (nála már akkor jóval többet tapasztalt) költő mire is gondolhatott... A kari pártgyűlésen ugyanis román nyelvtörténet tanára a *„Quo usque tandem abutere Catilina patientia nostra?"*[3] szónoki lendületével

---

2 A fordulat utáni évek Kolozsvárának szélsőségesen nacionalista polgármestere
3 Marcus Tullius Cicero római szenátusban elhangzott Catilina-ellenes beszédeinek egyikében elhangzott híres mondata: „Meddig élsz viszsza, Catilina, a türelmünkkel?"
4. „Kedves kollégák, meddig tűrjük még, hogy mindenféle taknyosok sárral dobáljanak bennünket!?"

13

esett neki: „*Dragi colegi, până când tolerăm, ca niște mucoși să ne arunce cu noroi?*"⁴

Rá ugyan nem fázott (az egyetemet végül csak elvégezte), de ahogyan magyar nyelvészet-tanára (aki eredetileg párttagnak javasolta) egy idő után immár elégedetten állapíthatta meg: észhez tért némileg...

De miközben a szél is fölelevenedett, felesége a vacsora után nézett.

Ő egy ideig még tovább keresgélt az emlékei közt, de érezte, hogy a memóriája kezd vészesen a cseresznyefára hasonlítani... Onnan is ugyanígy seprik ki őszülő életének fuvallatai a korábbi évek sárguló emlékeit, mint a kezdődő őszi szél a cseresznyefaleveleket. Azok is alálebegnek az elme fuvallataiban, hogy aztán beleolvadjanak a feledés nyálkásan oszladozó avarjába.

S miközben efféle metaforákkal szórakoztatta szórakozott elméjét, észre sem vette, hogy az ég alja is kezd sötétülni. A nyitva felejtett József Attila-kötet lapjain egyszerre néhány odatévedt esőcsöpp is landolt. De mielőtt a könyvet összecsukhatta volna, jól ismert sorokra villant a tekintete, hogy aztán rögtön el is feledkezzék róluk.

3.

Mire mindent összesepert, már zuhogott. Mit tehet ilyenkor egy – immár poszthumán – értelmiségi? Odahuppan a komputer elé. S miközben megnyitja az Outlookot, az emlékezet valamely szeszélye még visszavillantja az előbb látott sorokat: „Világosodik lassacskán az elmém, a legenda oda..."

Böngészni kezd az üzenetek közt, s egy régen nem látott barát nevére lesz figyelmes. Rákattint.

„Kedves Béla!

Tudom, amiről írok most neked, az nagyon kellemetlen az egész család számára!

Mégis írnom kell!

Nagyon kellene találkoznunk.

Amit sejtettem, beigazolódott: bátyád, Iván Géza a szeku[4] ügynöke volt!

Nálam minden bizonyíték: »Ambrus Győző« néven szervezték be.

Csak feltételezem, de valószínű, igaz: a szeku zsarolása miatt élt oly bohém életet is. Ahogyan az áttelepedésében a lelepleztéstől való rettegés is »ott munkálhatott«! Az Iván keresztnevet is a szüleid illegalista múltja miatt kaphatta.

Egészen bizonyos: az 1956. novemberi tanúkihallgatásakor azzal hitegették, hogy a szüleid visszakapják az illegalitással járó státusukat.

1956 szeptemberében bizonyos Rákóczi elvtárs (Sic! – B.B.), a Kolozsvár városi IMSZ[5]-bizottság titkára hirtelen leváltotta Balázs Imre nagyon menő intézeti IMSZ-titkárt – aki éppen akkor jött vissza Budapestről, ahol Illyés Gyulával is találkozott –, és kinevezte Bíró Iván Gézát.

Bátyádnak nagyon imponált a cím, hiszen akkor egy IMSZ-titkár néha a rektort is ledorongolhatta.

Jött 1956. október 24-e. A Képzőművészeti Főiskola diákjai 20 óra 30 percre szűk körű gyűlést szerveztek Mátyás király szülőháza lovagtermébe, hogy megvitassák a prágai Ifjúsági Világtalálkozó döntése nyomán született országos elhatározás-félét: létre kell hozni az egyetemi diákszövetségeket.

Földes László éppen esztétika órát tartott Balázs Imrééknek, ahol megkérdezték tőle: mi az az egyetemi autonómia? És közölték, hogy estére gyűlést hívtak össze.

Földes okosan lebeszélte őket a gyűlés megtartásáról, az ötpontos követelésről.

A diákok ezt elfogadták.

---

4 A Román Titkosszolgálat
5 A KISZ magyar megnevezése Romániában. Teljes nevén Ifjúmunkás Szövetség

15

A Szeku viszont ráröppent a páratlan lehetőségre! Mire viszszatértek Mátyás király szülőházába, a környék, az épület tele volt idegen diákokkal.

A »nagy gyűlésszervező« egyszerre Bíró Iván Géza lett! Meg kellett tartani a gyűlést, ahol Balázs Imre este 21 óra tájt felolvasta az öt pontot. Kezelhetetlen ordítozás, bekiabálás lett belőle, egy igazi »huligán« megmozdulás vette kezdetét.

Daniel Popescu rektor – részt vett a gyűlésen! – mozgósította a belügyi egységeket! Körbezárták a főiskolát, fényképeket készítettek a résztvevőkről.

Másnap, 1956. október 25-én reggel fél 9-kor letartóztatták Balázs Imrét, Tirnován Videt és Walter Frigyest.

Waltert hónapok múlva szabadon engedték, Balázs Imrét és Tirnován Arit – bolgár származású volt! – 7-7 évre ítélték! A vád koronatanúja Bíró Iván Géza és Angi István lett.

Azt ma már nem lehet tudni, hogy Anginál a moszkvai posztgraduális képzés milyen szerepet játszott.

Mindenesetre röviddel Balázs Imréék elítélése után megkapta az ösztöndíjat a Lomonoszov Egyetemre!

Sajncs nagyon nyomasztó a bátyád tanúvallomása! Koronatanú volt a főtárgyaláson is. Beszervezték. Saját kezével írta meg a beszervezési kötelezvényt, és vállalta, hogy mindenről senkinek sem beszél!

Ugyanezt tette Bartis Ferenc – kettős ügynök volt! – és... és... és... (nota bene: a beszervezettek nevének további felsorolását a narrátor hagyja el, az utódok iránti tapintatból – B.B.)

Mindeniknek megvan a besúgói dossziéja, csak Szilágyi Domokosnak nincs. Ezt a CNSAS[6] nemrég nekem is elismerte! Tovább is van, mondjam még...? (Azaz a narrátor által kihagyott nevek sorolását – B.B.)

---

6 A Nemzetbiztonság dokumentációs szerve, az ÁBTL romániai megfelelője

Bátyád rövidesen rájött, hogy mindig zsarolható marad! Nem volt hajlandó jelenteni. Átlátszó hazugságokkal vágta ki magát. Ki is zárták a hálózatból. De minden lépését követték. Ez a dosszié még nincs meg! Sajnos a CNSAS aláírat egy kötelezvényt, hogy az ilyen dokumentumokat senkinek nem lehet átadni. Ketten megírhatunk egy kérvényt, hogy adják ki neked mint testvérnek a dokumentumokat! Veled ugyanúgy szeretném mindezt megbeszélni, mint Bartis Attila kiváló prózaíróval. Nagyon nehezen megy! Én már csak azt veszem figyelembe, ki ártott és ki nem! Bátyád ügynökként nem ártott, de a vád koronatanújaként – sajnos – igen! A párt és a hatalom narratíváját igazolta.

Balázs Imréék ítélete már Bukarestben megszületett! Az az igazi dráma, hogy még Balázs Imre sem emlékezett később pontosan az általa leírt, felolvasott öt pontra. Az emberi memória véges! Nagyon kérlek, olvasd el alaposan a levelemet, és találkozzunk. Brassó mellett, Hosszúfaluban vagyok, innen járok kutatni! Egész nyáron próbálok itt lenni! Kérlek, válaszolj!
Szeretettel és nagy megértéssel:
Tófalvi Zoltán"

Kint már villámlott. A liláskék villanásokat kisvártatva öblös dörgések rebbentették tova. S mindannyiszor ugyanaz a másfél sor szólal meg benne. „Világosodik lassacskán az elmém, a legenda oda..." Rosszullét környékezte. A villanások közben mintha előtte is lepergett volna immár az egész élete. Olyan mozzanatokkal, melyekről korábban azt hitte volna, hogy már nem is léteznek. Számára legalábbis. Mintha örökre elfújta volna őket életének nyolcvanadik évtizede.

II.

I.

Igen, az édesanyám! Kezd összeállni a kép... Ámbár nekem, e történet első személyű elbeszélőjének, a fiatal mamáról nem lehettek emlékeim.

(Engem, kései gyereket ugyanis a szöveg hátterében lappangó szerző, s ekként – mint előbb is – a harmadik személyű narrátor, aki maga is a hús-vér szerző alkotása, fokozatosan önnön emlékképeiből, sejtéseiből, értelmezéseiből és a kortársak viszszaemlékezéseiből gereblyézget össze...)

Van ugyan édesanyámról is egy fényképem, derékhoz simuló, vastag gyapjúkabát, vaskos válltömésekkel. Még mindig fekete haj, középen kettéválasztva, felül kontyszerű hajkoszorúval, sötétbarna, meleg szemek, a szem alatt barna árnyék... Az arcon még egyetlen ránc sincs. Mosolyog, hiszen vállunkon (az enyémen és az öcsémén) ott a keze, de a mosoly alig old arca keménységén. Fiatalon is tiszteletet parancsoló jelenség lehetett. 45 éves volt, amikor én megszülettem. Éledező elmém egy szintén kontyba font hajú, középkorúnak tűnő, családjának élő és mégis távoli világokban tanyázó asszonyt láttat, a fényképen finom ujjú kezekkel szorítja magához gyerekeit. De a hétköznapokban ritkán ült le közénk. A képen is mintha magába nézne. Én lehetek olyan öt éves, az öcsém kettő. A bátyám, Géza (Blankának, az unokanővéremnek, még mindig *Iván*) hiányzik a felvételről. Ő tizenöt évvel idősebb nálam is, s ha jól számolom, a felvétel idején éppen Marosvásárhelyen járhat a képzőművészeti szakközépiskolába.

Szüleim minket, kettőnket (mármint engem és az öcsémet is) az immár rájuk virradt szép új jövő mámorában nemzettek. (Közelebb az ötvenhez, mint a negyvenöthöz). A bátyám akkortájt már egyetemista volt. Talán őt is a mozgalom melléktermékeként hívták életre, hiszen – amint az a rokonságban gyakran elhangzott, s a szüleim sem tagadták – házasodni is *pártutasításra* házasodtak össze. A '30-as évek közepe táján. Újabb utódokat – a letartóztatások folytonos árnyékában – már nem kockáztathattak. Kisvártatva ugyanis a román Királyi Állambiztonság (magyarosan a Sziguranca) szemmel tartotta őket. Édesanyám bátyja a Köpeci Bányavállalat szakszervezeti aktivistája volt. Az ő közvetítésével kerültek össze apámmal is, aki a román vasutaknál épített kemencéket. Így aztán folyton úton volt, s ekként ideális konspirátornak bizonyult. Ő tartotta a kapcsolatot a köpecbányai sejt és a brassói alapszervezet között. Valami sajnos mégis kitudódott...

„Tudod – mesélte már középiskolás korom táján apai nagynéném, Nellike férje, Dénes bácsi –, anyád kivételes asszony volt. A szépsége – csak egy, a tanító úrtól hallott szóval tudom elmondani – valamiféle »fenséget« árasztott. Tartása volt, ezt valaki mástól hallottam, de mintha jobban is illene. Valami, ami rendszerint a legényekbe fojtotta a szót. Már leányként is Erdővidék-szerte híre járta. Nem csak szépsége, okossága miatt is. Okos volt. Túlságosan is. És álmodozó természetű. Nem volt nála hűségesebb templomjárója a vidéknek.

Ha katolikusnak születik, akár apácának is beillett volna. De hát mi reformátusok vagyunk..." – Dénes bácsi a sógorát nemigen kedvelte (később azt is elmondta, miért), a sógornőjéről viszont mindig csak tisztelettel beszélt. „Ő – legalábbis kezdetben – inkább a könyvekre adta a fejét. Brassóban járt Kereskedelmi Főreál Gimnáziumba. Az akkortájt olyasmi volt, mint ma a bátyád egyeteme... (Géza akkor már valóban Kolozsváron járt a Tófalvi levelében említett képzőművészeti főiskolára... – B.B.) S később is megmaradt – ahogy ti mondanátok – értelmiséginek."

2.

Az persze már régen fúrta az oldalamat: Hogyan kerülhetett Brassóba? Azt én is tudtam, hogy nagyapámnak viszonylag jól menő asztalosműhelye volt. (Talán éppen az említett fénykép elkészültének évében esett le a csűr mestergerendájáról és törte el a gerincét. Kisgyerekként én is napokat töltöttem a betegágya mellett.) Nagyon szerettük egymást. Ő volt a nagybetűs nagyapa. Imádott játékszereket esztergálni nekünk. Apám szüleit már nem ismerhettem. (Mindketten viszonylag fiatalon haláloztak el. Hét gyerek maradt utánuk, zömmel fiúk.) Anyai nagyapámék több hektár földet is műveltek. Meséltek ökrökről és lovakról is, de az én kisgyerekkoromban már csak egyetlen tehenünk maradt: Lizi. Őt én is előszeretettel fejtem. Voltak juhaink is, az erdei csobánok[7] kezén. Szinte minden karácsonyra báránybőrbundát is hozott az Angyal. (A feleségem, ha hallaná, ismét kijavítana: a Jézuska. Nagyváradon és a Partiumban ugyanis az Angyal már ekként szerepelt). A nagyanyám disznót is hizlalt. De pénz, az nemigen volt. Nekem fürdőnadrágra meg tornacipőre még később sem tellett. Köpec (a Bányateleppel együtt: Köpecbánya) módos település volt. Voltak osztálytársaim, akiknek arra is futotta.

Miből telhetett édesanyámnak brassói Kereskedelmi Főreál Gimnáziumra? Brassónak, melyet akkor zömmel még szászok laktak, akkor is drága városnak kellett lennie. Bentlakást, étkezést, ruhát kellett fizetni. Miből?

Az ösztöndíjat bizonyosan kiérdemelte, hiszen foszlányokban fennmaradt 2-es számú (1920-21. évre szóló) Iskolai Bizonyítványában kilenc *jeles* mellett csupán négy *jó* szerepelt, három idegen nyelvből (német, francia, román), a negyedik zenéből. A nyelvekhez, amint az később is kiderül, nemigen volt érzéke, ahogyan a zenéhez sem. (A zenei „érzéke" rám is átöröklődött.)

Dénes bácsi mintha olvasott volna a gondolataimban: „A református egyháztól kapta az ajánlást. Nem csak rajongó református volt, de erősen okos is. A tanító és a pap sokat emlegették, hogy hozzá hasonlíthatóan eszes tanítvánnyal a fiúk között sem találkoztak. S az Úr alázatosabb hívével sem nagyon. A döntést

---

7 Román juhpásztorok

a püspök úr is helyeselte. S anyád - ahogy mondogatták - nem
hozott szégyent a falura."
 De amikor ez a mondat elhangzott, mindig tapadt hozzá egy
különös felhang is. Mintha azért mégsem éppen a hozzá fűzött
reményeket váltotta volna be. (De ez már egy másik történet
...) „Hogy apáddal miként jöttek össze, az számomra is sokáig
rejtély maradt. Apád hat osztályt végzett. Igaz, esze, az volt neki
is. Több is a kelleténél. Főleg a számokhoz volt érzéke. Egy kár-
tyapartiban - számtalanszor lehettem tanúja - minden egyes
asztalra csapott lapra pontosan emlékezett. Így aztán néhány
forduló után szinte már mindenkiről tudta, mit is tart a kezé-
ben. Az ő szülei - anyád családjához viszonyítva - szinte már
nyomorúságban éltek. Apád az inasévek után kemenceépítéssel
kereste meg a kenyerét. Egy darabig a szomszéd falvakban, aztán
már a román vasútnál, a CFR-nél.

Trianon után a (még jó ideig) Romániához tartozó Besszarábiában
katonáskodott. Négy esztendő múlva úgy beszélt románul, mint
magyarul. Csakhogy még a brassói románok is nehezen értették,
nemhogy a magyarok. Tudod, a besszarábok a román szavakat es
kiforgassák... Ahogy a csángók a magyart. Vagy még úgyabban.
Így osztán felvágott a besszarábiai beszédjire. Azt hiszem, ezért
is vették fel olyan hamar az akkor már román vasúthoz. Ma es
büszkén emlegeti, hogy ő építette az összes vasútmenti kemen-
cét Segesvár és Brassó között. Mondom: sokáig nem tudtam,
azt sem, hogyan jöhettek össze. De egyszer csak kezdték *együtt*
letartóztatni őket! Nagyanyád - egy esetben benéztem hozzá -
félelmében épp a két »kommunista« újság, a *Brassói Lapok* és a
Korunk »évfolyamaival« (anyádék nevezték így) fűtötte be a ke-
mencét is. Hogy a nyomokat eltüntesse. (Anyád ezt soha nem is
tudta megbocsátani neki.) Aztán a szüleid egyszer csak Gézástól
(hároméves ha lehetett) eltűntek a faluból. Mindenki azt gyaní-
totta, hogy muszáj volt nekik. Én is zavarba jöttem. Hiszen éppen
'40-ben tűntek el, amikor végre hazakerültünk Magyarországra.
Odaát - gondoltam én a még »román« fejemmel -, ha azok lenné-
nek is, már nem tudhatják, hogy valami baj lehet velik.

Tévedtem..."

3.

„Hogy közben hol jártak, arra én is csak később jöhettem rá... – folytatta Dénes bácsi. – Tudod, hogy hol találkoztam velik? Mikor szemem elé kerültek, nem es jött, hogy elhiggyem: Sárospatakon! Anyád akkor már titkárnő volt az ottani Református Kollégiomban. Apádot, miután elfogták, munkaszolgálatra rendelték. A nyomunkban pedig ott voltak már az oroszok. Apád nemigen félt. Már akkor láttam: esmen azon töri a fejit, hogy es szökhetne meg. Engem is kapacitált, csakhogy én tudtam, hogy a németeknél már bévetésre kész a csodafegyver. Csak addig kell kitartani. Úgy is gondoltam, hogy velük vonulok vissza, míg ismét talpra nem állnak. Olyan Isten nincs, hogy a németeket valaki meg tudja verni. Azok a rühös oroszok? Soha! Vótam én fogságba' nálik is... Apádot a szomszéd századba sorolták munkaszolgálatosnak. Tényleg megszökött. Én akkorra már a rajparancsnokságig vittem.

Képzeld el, fiam, micsoda szerencsének tűnt, hogy abban a nagy felfordulásban találkoztunk. Többen is a faluból. Meg kellett ünnepelni. Elcsaltak egy tokaji borospincébe. Nem nagyon ismertem ki magam. Apád, az igen. Berúgtunk, mint a szamár. Kanállal habzsoltuk a bort, mint a kocsonyát. Én nem es gyanakodtam. Csak akkor kaptam vóna a puskám után, mikor reggel a muszka szót meghallottam. De még a bicskámról is leszereltek, nemhogy a puskatusról. Apád csúful kibabrált velem. Ráadásul zúgott a fejem, azt sem tudtam, hol lehetek.

Próbáltam volna megszökni, de nem volt hova. Apádék egy ideig meg es kötöztek. Apád azzal ette a fejemet, hogy soha nem venné a szívire, hogy a nővérit megfossza egyetlen támaszától. Mert ha bajom esik, mi lesz a sok gyerekkel? De a szökés – mert hát engem is arra kényszerítettek – számomra még midig gyalázatos hazaárulásnak számított. Azzal fenyegettek, hogy ha katonáim után indulok, az oroszoknál fognak feljelenteni mint fasisztát. Akkor tudtam meg azt is, hogy '40-ben miért menekültek. A román Sziguranca átadta az elcsatolt erdélyi részek hazatért kommunistáira vonatkozó papírjait Horthy titkosrendőrségének.

Azt, hogy miért házasodtak össze, szintén csak később tudtam meg. Leesett az állam! Képzeld el, tényleg pártparancsra! Még büszkék es voltak rea! Pedig akkor itt már a falusiak is inkább szerelemből házasodtak. Mondtam már, hogy anyád, akinek bátyja a Köpeci Bányavállalat szakszervezeti mit tudom én mije volt, a vállalat kommunistáival, apád meg a brassói CFR illegalistáival tarthatta a kapcsolatot. Úgy külön-külön egyik sem szúrt volna szemet. A gyanús lánctagot a minden gyanútól mentes házasságnak kellett elfednie. Az esküvőn édesanyád bátyja (ő is Dénes – B.B.), s Nelli nénéd voltak a tanúk. De nekik is kussolni kellett. Nelli még nekem sem szólt egy árva szót sem. Ki volt spekulálva az egész. Igaz, lakodalom se volt. Nekik csak a házasságlevél kellett. A kocsmában ittak meg nihány pohár bort. A parancs – később tudtam meg –, ők valamiféle konspirációnak hítták, egy ideig tényleg bévált. Szép pár vótak. Mondanom sem kell, igazi szerelem, majd gyerek lett a vége. De osztán esmen jöttek a letartóztatások. Még a román világban. El kellett tűnniük, hiába jött közben a magyar világ. A feleségem ma es azt állítja, hogy a továbbiakról már ő sem tudott.

Állítólag azt sem igen sejdítették, merre lehetnek… A borospincéből osztán, ahogy tisztult a levegő, néhány hét múlva Berlin helyett Köpecnek vettük az utat. Akkor már lehetett. Volt még bor bőven, apádék végigénekelték egész Erdélyt. »A nagy Oltnak csendes csobogását…« fújta mindenki (ez volt Köpecen a kedvenc nóta), mert a kommunizmus mellett (az – nagyrészt apádéknak köszönhetően – Sárospatakon is volt már) a honvágy is hajtotta őköt. Zelegorkodhattak, volt hozzá orosz zapiszka; kommunisták vagyunk! Én es vágyódtam vóna már haza, de az ő hazaáruló szájukból azt a nótát már hallgatni sem szerettem.

Anyád sem énekelgetett, de neki még annyi énekhangja sem volt, bocsáss meg, mint egy kecskének. Szerencsésen hazaértünk, de főleg apádnak, akit – ki kell hogy mondjam! – ma is aljas hazaárulónak tartok, ezt soha meg nem bocsátottam, s nem is fogom soha. Ő ma es azzal etet, hogy megmentették az életemet. Egy francot! Csak a hazámat árultatták el velem. Túléltem. De hol? Itt ma se lehetek otthon…

Hacsak az amerikaiak meg nem jönnek..."
Mellesleg – miközben mindezt mesélte – a szoba falán, épp az ágya fölött, valóban ott függött egy hatalmas világtérkép, s rajta – mint egy hadosztály-parancsnokságon – kirajzolva az útvonal, melyen az amerikaiaknak jönniük kellett. Haláláig nem érkeztek meg.

4.

A történet további részét már Blanka, „Ivánnál" is idősebb unokatestvérem mesélte el.

„Én voltam az egyetlen, akit a szűk családi kör beavathatott. Semmiképpen nem válhattam gyanússá. Nem csak azért, mert még szinte gyerek, 16 éves voltam, de azért sem, mert az édesapám, tudod, egy ideig a falu csendőrparancsnoka volt. Az anyád és nagynénéd közt én válhattam hírvivővé. Igaz, sokszor azt sem tudtam, hogy milyen híreket hordozok, mert ott a szavak mindig mást jelentettek, mint amit érteni lehetett rajtuk. Formailag anyád unokabátyját látogattam meg néha, aki pap volt Kolozsváron. (Látszatra be is ütöttem magam néha hozzájuk, de valójában anyádékat kerestem fel Telcsen). A rokonság az első változatot ismerte, de a falu előtt azt sem nagyon hangoztattuk. Ami biztos, az biztos. Aztán '44-ben, amikor anyádék ismét a titkosszolgálat, a Magyar Katonai Hírszerzés látókörébe kerültek, cselédnek álcázva én is a »„papéknál« (valójában Telcsen élő szüleidnél) telepedtem meg.

A történet igazi gubanca az, hogy az apádot a Párt (ezt a szót nálatok csak nagybetűvel lehetett kiejteni) egy Futura igazolvánnyal is felruházta. Én hallomásból úgy tudtam, hogy az csak a jó magyaroknak jár ki. Igaz, apád, ha úgy vesszük, az is volt: szeretett barátkozni, inni, mulatni, anyád bosszúságára pillanat alatt a jobbára Magyarországról érkezett (»reakciós«) hivatalnokokból, jegyzőből, postafőnökből, gazdatisztekből álló »brancs« elmaradhatatlan tagjává vált. (De édesanyád ezt is megbocsátotta: konspirációnak jobb sem kellett). A jegyzőéknél, a postafőnökéknél, a csendőrparancsnoknál sokszor reggelig mentek a kártyapartik. Apád a Futura igazolvánnyal aztán átvehette a falusi vegyeskereskedést is. Annak jövedelméből élhettünk. S ami még fontosabb, támogathattuk a pártot. Apád tarisznyával hordta Kolozsvárra a pénzt. Neki ugyanis - ekkor derült ki - páratlan üzleti érzéke volt. Ráadásul mind jobban értett a helyiek nyelvén is, sőt igényeiket és ízlésüket is hamar kiismerhette.

A vállalkozás - a szó divatos értelmében - bombaüzletnek bizonyult... Apád rájött, hogy a falusiak imádják a virágos tányérokat. Minél cifrábbak (anyád szerint ízléstelenebbek), annál inkább. Rendelt néhány száz darabot. Egy félóra alatt elkapkodták. Aztán jött az ezer, a tízezer, kezdett hozzánk járni az egész vármegye. Végül vagonnal jött az áru. Dúsgazdagokká váltunk. Ez is elterelhette rólunk a gyanút... Legalábbis anyádék úgy gondolták. De mikor apád ezer pengővel lement Kolozsvárra, hogy a Kolozsvár és Budapest közti kommunista kapcsolattartáshoz szükséges összeget kiszolgáltassa, valaki lebuktatta őket.

Túl gyakran jártak át Kolozsvárra. Bár anyád főként könyveket hordott haza, de azokat özönnel. Népi írók, erdélyi baloldal. Igaz, apád »dzsentrijeiben« (anyád hívta így őket) vakon megbízott. (Tényleg nem a kártyások voltak besúgók, azokat a kártyajárás kötötte le.) Csakhogy mindkettőjüket többször is berendelték. Az ezer korona miatt kerültek végül bíróságra is. Katonaira."

Később másoktól is úgy hallottam, hogy az volt a Nagy Kolozsvári Kommunista Per...

Ahogy szüleim is mesélték, irtózatosan megkínozták őket, hogy a hálózat többi tagját is (a gyanú szerint már százával voltak) kézre kerítsék. Édesanyámnak a veséjét verték. Utólagos szenvedéseinek már én is tanúja voltam. Gyakorta fetrengett a földön a fájdalomtól. Többször is operálni kellett. Élete végéig căciulatai borvízen, egy undorítóan büdös olténiai ásványvízen élt. Hogy ne újulhassanak ki a kövei.

Azt mindenki tudta: ő vallani nem vallott...

Azt, hogy apám valamit igen, kamaszkorom táján már én is gyanítottam. De az is nyilvánvaló volt, hogy édesanyám szerint is „rettenthetetlen" kommunista maradt. Édesanyám – gyakorlatilag ő volt a családfő – soha nem kételkedett benne. Legalábbis mint kommunistában. Családi veszekedés nemigen volt, de eztazt félszavakból is ki lehetett következtetni. Még évtizedekkel később is elhangzott (jobbára fojtott suttogással): „...csak azt a szerencsétlen sánta cipészt nem bocsátom meg neked... Mért nem tudtál hallgatni róla?!" Hogy miről is lehetett szó – én még apró gyerek voltam –, nem tudhattam. A szöveg nem is nekünk, gyerekeknek szólt, később azonban már én is kezdtem kapiskálni.

De azt már közvetlenül édesanyámtól tudtam meg (aki, mikor rájött, hogy kamasz fia a féltett családi titokból már megtudott valamit, feladta a titkolódzást). Azt is elmondta, hogy voltaképpen nem apám „árulása" miatt mentették fel őket. Az ő „köpésének" nem volt túl nagy jelentősége. A cipész valóban nem árthatott már senkinek. Rábizonyítani nem tudtak semmit. Apám is csak annyit mondhatott, hogy hozzá járt talpaltatni. A szomszédok jelentették. Apám bevallotta. De nemigen volt mit. Attól persze még a cipészt is alaposan összeverték... S ez valóban apád bűne volt. De apádat is embertelenül megkínozták. Ez is igaz..."

Édesanyám – leplezetlen székely gőgje (és kommunizmusa) ellenére is – mindig röstelkedve vallotta be, hogy valójában pusztán azért mentették fel őket, mert székelyek voltak. A kolozsvári hadbíró szemében „székely ember nem lehetett kommunista". Efféle aljasságra szerinte „csak zsidó, vagy legfeljebb egy elfajzott magyar vetemedhetett".

5.

„Én csak a letartóztatás előtt telepedtem meg végleg Telcsen – folytatta Blanka, aki az ötvenes években, a gimnázium elvégzése után, már a köpeci Néptanács titkára lett (beszélni is jobbára az irodalmi nyelvet beszélte már, akárcsak édesanyám – B.B.) –, muszáj volt ott meghúzódnom, mert Iván napokra egyedül – az üzlet meg felügyelet nélkül – maradt. A letartóztatáskor épp Köpecen voltam. Folyt az aratás. Ott is kellettem. Mikor

Telcsre visszaérkezhettem, a lakás szörnyen nézett ki. Ivánt a szomszédok etették. Hellyel-közzel. Mind románok, hiszen az akkor már „kommunista fattyúval" (eddig tartott a »kártyaszolidaritás«, anyád nevezte így évtizedekkel később is) magyarnak nem volt szabad szóba sem elegyedni. Rendbe szedtem a házat. Kinyitottam a boltot. Aztán két vagy három hónap múlva már jöttek apádék is. Csakhogy lassan már a front is közeledett. Néhány hét múlva az ágyúdörgés is jól hallatszott. Alig vártuk már a szovjeteket. A családban egyébről sem esett szó. Bátyád vörös fülekkel hallgatta a híreket. Itt is reggeltől estig szólt a rádió. Igaz, itt már csak szordínóban. Lassan a faluban is nyíltan beszélték, hogy a németek a környékről is vonulnak vissza. Anyádon kívül mindannyian tudtunk már románul is. Neki nem volt zenei hallása sem, és (mint úri nő és kommunista, ami a pártban nem is volt ritka identitáskeverék – B.B.) senki falubelivel szóba sem elegyedett. Ma is mindenben maximalista, akkor is mindent, amit tett, csak és csakis tökéletesen volt hajlandó megcselekedni. Így aztán négy év alatt sem tanulhatott meg románul. Szinte már egy szót sem. Szégyellt volna a románjai előtt dadogni. Ő, az internacionalista. Én és a bátyád gyakran elkeveredtünk a falusiakkal. Aztán egy napon híre jött, hogy az oroszok a szomszédban vannak.

Ismered Ivánt, sosem fért meg a fenekén! A többit talán már el sem kell mondanom..."

Elmondta...

De hadd beszéljen inkább Géza, azaz az 1957-ben nyitott, nemrégen általunk is kikért szekuritátés dossziéja. Abba belekerült az eredetileg magyarul íródott és már akkor románra hitelesített „önéletrajz" is. A célzatos UTM[8]-titkári kinevezéshez szükséges belügyi dokumentáció obligát részeként, nyilván...

„Szeptember 25-én születtem Köpecen, a Magyar Autonóm Tartomány Sepsi rajonjában. Abban az évben édesapám éppen

---

8 Az IMSZ romániai megnevezése: Ifjúmunkás Szervezet

börtönben ült. (Hogy miért, fölösleges volt részletezni, kiderült a dosszié többi részéből. De a születési adatok is hamisak. Születésekor hol volt még a Magyar Autonóm Tartomány?! Ennyit a szekusck alaposságáról! – B.B.) Az első három iskolai osztályt szülőfalumban végeztem. A Bécsi Diktátum után a falu az elrabolt területre esett. Szüleim nyomorogtak, és mert illegális párttagok voltak, folytonos üldöztetésben éltek. Újra és újra letartóztatták őket. Emiatt kénytelenek voltunk Beszterce megye Telcs nevű falujába menekülni. Szüleim kezdetben favágóként dolgoztak, később a Párt segítségével kisebb üzletet nyitottunk, melynek jövedelméből a Vörös Segélyt támogattuk. Hathatósan...
Végül ott is elkezdődtek a letartóztatások. Szüleimet Szamosfalván tartották fogva. Három hétig, kilencévesen magamra maradtam egy idegen faluban. Gondot viseltem az üzletre is. A letartóztatás után kimaradtam az iskolából is, egészen addig, amíg meg nem érkezett az unokanővérem. Az ő segítségével újranyitottuk az üzletet is. Ezek a hónapok életem legszomorúbb napjai voltak, hiszen a továbbiakban folytonosan ki voltam téve iskolatársaim és tanáraim veréseinek, terrorjának és vádaskodásainak.

1944 végén (itt is volt némi csúsztatás, nem az oroszok szabadították ki őket – B.B.) szüleim betegen és megtörten térhettek haza a vizsgálati fogságból. Apámnak a börtönben kiverték minden fogát, ma is alsó és felső protézist visel, anyámnak a lábát is eltörték. Akkor – a terror csúcsán – végeztem el a negyedik osztályt. A német csapatok visszavonulásának hírére, abban a hitben, hogy legfeljebb egy órán belül bevonulnak a szovjetek, vörösre festett papírlapokat osztogattam szét a barátaim közt, s lobogó gyanánt házunk tornyára is kitűztem egyet. Csakhogy az oroszok még nem jöttek, a németek pedig még mindig ott voltak. Azonnal el kellett tűnnünk. Este egy velünk rokonszenvező állomásfőnök segítségével apám, édesanyám és az unokanővérem társaságában Budapestre szöktünk.

Az elutazásunkat követő napon azonban édesanyámat ismét letartóztatták, apámat pedig Pápán rendelték munkaszolgálatra, ahonnan többedmagával sikerült megszöknie.

Én egy darabig ismeretlen falvakban csatangoltam. Csak annyit tudok, hogy apám néhány magyar katonával, köztük két nagybátyámmal, a hegyekben bujkált a németek elől. Blanka, az unokanővérem végül is rám talált... Édesanyámat is szabadon engedték... A felszabadulás után Sárospatakon végeztem el a hatodik és hetedik osztályt. Szüleim megszervezték az ottani pártszervezetet is. Rövidre rá visszatelepedtek a Székelyföldre. Apám Barót községben, s annak vidékén megszervezte a pártszervezeteket. Ott, majd Sepsiszentgyörgyön jártam gimnáziumba. Az érettségi után elektrotechnikai szaklíceummal próbálkoztam, de egy sikertelen vizsgát követően 1953-ban a Marosvásárhelyi Képzőművészeti Szaklíceumba iratkoztam át. Sikerrel.
Az ottani Ifjú Munkás Szervezetben különböző funkciókat töltöttem be, majd engem választottak a szervezet titkárává. Főiskolai éveimben ösztöndíjas voltam.
Kelt: 1956. augusztus 14.
Bíró Géza sk."

Mint később látni fogjuk, néhány fontos adat a „felszabadulás" utáni első évekből kiesett Géza – az állambiztonsági szövegekben (sic!) soha nem Iván! – „emlékezetéből". Korántsem véletlenül... Én még ma is jól emlékszem rá, hogy a negyvenes évek végén, az ötvenesek elején szüleim (az előbbiek ismeretében: furamód) ismét munka nélkül voltak. Azt sem tudom elfelejteni, hogy gyakran kenyérsütés után a tyúkok elől én és öcsém söpörtük össze a kenyér kissé megbarnult kérgét, székelyesen az úgynevezett „kopolást". A szomszédasszonyok ugyanis szokás szerint egy vaskos késsel veregették a kissé égett kenyérhéjat, hogy tisztuljon. Egyébként a rokonok tartottak el, de a nagy szárazságban nekik sem nagyon volt a miből.
De ez már valóban egy másik történet, melynek homályos töredékeit megfelelő források híján már végképp nekem magamnak kell összeférceInem.

6.

Számomra a történet Alsórákoson, a Brassó tartományhoz tartozó Rákos rajonban kezdődik. Talán életem legelső emléke egy hatalmas szovjet vadászrepülő volt, mely egyenesen felém tartott, s szinte kisöpört a térből. Ijedtemben ordítva buktam le a pad alá. Aztán mégsem történt semmi. Bizonyára egy filmet nézhettünk. Akkor lehettem először moziban.

A barátom, Niku, aki brassói volt, s egy évvel idősebb is nálam, de ő sem lehetett több hatévesnél, még napokig nevetgélt a rémületemen és a naivitásomon. Én az ötvenes évek elején természetesen nem tudtam egy kukkot sem románul, Nicu meg (még Brassóból) a magyart tördelte kínnal-keservvel. De hamar kitanultuk egymást. Nicu a milicista[9] fia volt, én a rajoni pártbizottság tiszteletben álló aktivistáinak fia. Mindketten idegenek voltunk a faluban, az ottaniak nemigen álltak szóba velünk. Velem kommunista szüleim, Nicuval rendőr apja miatt. Vele még a románok sem igen.

A lakás szinte már a nevezetes Bethlen-kastély tövében állt. A hivatalosan a (mint később megtudtam) Sükösd-Bethlen nevet viselő kastély és uradalom akkor már az alsó-rákosi Közbirtokosság tulajdona volt, a faluközösség vásárolta fel. S igyekezett karban is tartani. A várárokra, a sarokbástyákra és a lovagteremre halványan bár, de később is bámulattal emlékeztem.

Még inkább a lakásra, mely tényleg csodálatos volt (vajon ki lakhat ma benne?). Az ajtókat és az ablakokat valószínűleg nem csupán testméreteimhez viszonyítva éreztem hatalmasnak. Élénken emlékszem egy karácsonyra is. A gyerekszoba egy harmadát mennyezetig érő, a kastély-körüliekkel azonos nagyságú, csodálatosan díszített fenyőfa töltötte be. A díszeket szüleim talán Telcsről hozták magukkal. A szaloncukor pedig friss volt és illatos. (Későbbi élmények alapján tudom, hogy a masszát anyám főzte és ízesítette.) Az ajándékokat – azok is

---

9 Rendőr, az angol police megfelelője

csodálatosak voltak - kommunizmus ide vagy oda, az *Angyal* hozta. Személyesen. (Eddig terjedhetett édesanyámék ideológiai „szilárdsága". A múltat, úgy tűnik, nem végképp eltörülni, csupán humanizálni szerették volna. Gyerekkori élményeikhez maguk is ragaszkodtak. S minket (engem és bátyámat) sem akartak megfosztani a gyönyörűséges meglepetésektől...) A csengőszóig nekem be sem szabadott lépnem a szobába... (S ehhez Géza is tartotta magát.)

A két nagyszoba közt óriási, ízlésesen faragott hinta függött. Kedvenc játékszerem. Méregdrága perzsaszőnyeg, a mából visszapillantva gyönyörű antik bútorok, tükrös szekrény, kétoldalt állítható szárnyakkal. Az egyik hatalmas, ablaktalan falat könyvszekrény takarta, gyönyörű könyvekkel, lexikonokkal.

Az idill azonban nem tartott sokáig. Egyszer csak - mintha egy mágnesszalagról törültek volna le képsorokat - az emlékezetemből is egyszerre tűnt el a lenyűgöző díszlet. Az egész család - apa, anya, gyerekek - egyetlen szobában, anyai nagyanyám köpeci (Köpec volt a szülőfalu) tisztaszobájában találtuk magunkat, mely a zsúfoltságtól nem is tűnt éppen tisztának. S volt már öcsém is. Nagyanyám megbotránkozására éppen akkor esett neki a székletének. Csupa maszat volt a képe is.

7.

Innentől a film már nagyjából folytonos. Ma is pontosan emlékszem a baromfiudvarra, a tehenekre, melyeket néha még meg is fejhettem, a sertésekre, a csűrre, a kakasülőre, melyről barátnőimmel (még a második szomszédban sem voltak fiúk) a friss szénába ugráltunk. Sokszor két-három méter magasról. (Nagyapám a szemközti oldal egyik gerendájáról zuhant a csupasz földre...) És szemközt ott voltak felhalmozva az Alsórákosról ismerős bútorok is...

Ráadásul itt már mindenki tudott magyarul. Sőt, csakis magyarul. Anyám szorgosan figyelmeztetett is rá, hogy a szomszédok szegről-végről mind rokonaim. A szomszéd kertekbe is átjártunk. Rendszerint elöl volt a veteményes, mögötte a gyümölcsös. S mindenik mögött a kertkapu, mely a patakra nyílott.

A gyümölcsfák tetejéről – volt alma, szilva, körte, dió, egy helyütt még gesztenye is – az egész falut be lehetett látni az Oltig, meg az azon túli – fura mód Macskaliknak nevezett, meredek, majd lankássá szelídülő – domboldalig.

Valamelyik vakációban „marosvásárhelyi" bátyám, Géza is megjelent. (Blanka azonban továbbra is Ivánnak szólította.) Ő már felnőttnek számított. Hihetetlen kézügyessége volt. Nagyapja – akkor már gazdátlan – asztalosműhelyében csodálatos vitorláshajókat fabrikált nekünk, gyerekeknek. Végül már egy egész hajórajunk volt. Azt – egészen pontosan azokat – eregettük a patak szelíden áradó, sötét fényű vizében. Vízi csaták zajlottak: németek és szovjetek... Néha ő maga is közénk állt. Mesélgetett nekünk a háborúról, a menekülésekről, Magyarországról. Szemmel láthatóan hiányoztunk neki. Végül (miután a vakáció lejárt) mi is kézbe vettük a szerszámokat, a maradék fahulladékból erődítményeket építettünk, melyeket aztán sorra le is bombáztunk. A bányatelepen minden este volt mozivetítés. Édeskés, kommunista szósszal is sűrűn leöntött szerelmi történeteket és a dicsőséges Vörös Hadsereg múlhatatlan győzelmeit igyekeztünk – az eldugott patakparton teljesen zavartalanul – megjeleníteni.

Géza volt a példakép. Én is képzőművész szerettem volna lenni. Akkor már óvodába is jártam. Rózsika, az óvónéni is kitűnően rajzolt. Halálosan beleszerettem. Még az elemi iskolából is visszajártam hozzá. Ráadásul a lakására. A rokonszenv (főként a bátyám miatt) kölcsönös volt. Közösen rajzolgattunk. Negyedik osztályos koromra egyik rajzommal első díjat is a nyertem az akkori gyereklap, a Pionírújság rajzversenyén. Végül aztán a költészet kerekedett felül. Kezdtem szerelmes verseket írni „Rózsikának". De amikor kiderült, hogy ő már másba szerelmes, ráadásul egy felnőttbe (még csak nem is Gézába), nem maradt más menedékem, mint *Az ifjú gárda*. Sztálin elvtársnak is megpróbáltam levelet írni, de arról édesanyám ingerülten lebeszélt. Igaz, csupán három kurta, de éles szóval: „Azt azért

mégse!" Pedig az iskolában alig esett szó másról, mint Róla. És
akkor már ismét édesanyám volt a Néptanácselnök... („Több
dolgok vannak földön és egen..." - juthatott volna eszembe a
Shakespeare-idézet, de az még csupán elmém jövőjében lappanghatott valahol...)
Arra viszont már kifejezetten felfigyeltem (korábban nem
is tudatosult bennem), hogy bár édesanyám ágya fölött a teret
Lenin elvtárs hatalmas képe uralta, az egész házban nem volt
egyetlen Sztálin-képmás sem (pedig milyen jól mutatott a dús
bajuszával). Szoborról nem is beszélve. Vörös kötésű könyvek
sem, pedig az iskolai könyvtár tele volt velük. Édesanyám már
Marxot és Engelst sem lapozgatta. Igaz, látszott rajtuk, hogy
valamikor szinte már rongyossá olvasták őket. Nyilván ő maga.
Halinakötésben. (Feltehetően biztonsági okokból, hogy az *Erdélyi
Szépmíves Céh* kiadványainak benyomását keltsék...)
Hogy Sztálin minálunk miért épp szívós hiányával tüntetett, arról hallgatott a család. (Ma már nem esik nehezemre
rekonstruálni a magyarázatot: a pápa tévedhet. Az egyház,
mármint a párt - soha.) De akkor még én is félresöpörtem a
kérdést. Valahogyan benne volt a levegőben, hogy ez *nem téma*.
Pedig a kommunizmus reggeltől estig így vagy úgy téma volt.
S nem csak odahaza. A pusztának nevezett kopár terecskén, a
malomépület közelében is, melyet a patak szinte körülfogott.
Ott még padok is voltak. Kőből. Lehetett rajtuk sakkozni, kártyázni, illogatni. Ott hallottam először róla, hogy vannak hideg
és meleg pinák. A legközelebbi barátom özvegy apja dicsekedett
el ivópajtásainak, hogy neki hiába volt korábban két felesége is,
olyanok voltak, mint a halak, de a nemrégen elhalálozott feleség
(a nálunk néhány évvel fiatalabb kislány mindannyiunk által
gyászolt, valóban szépséges anyja) olyan volt, mint egy kemence.
Perzselt. Ebből sem én, sem a barátom nem sokat értettünk. (Laji
mostohaanyja élete utolsó hónapjaiban lázakra panaszkodott.
De a hanglejtésből s a hallgatóság reakcióiból mi is éreztük, hogy
talán egyébről folyhatott a beszéd.) A mondatot mindenesetre
mindketten megjegyeztük. Köpec református község volt ugyan,
szexualitásról (akkor még) a családokban szó sem eshetett.

(Csalódnak, akik azt hiszik, hogy a prüdéria katolikus sajátság. Tapasztalataim szerint néhol fordítva van és lehetett.) Lajossal, a kisebb fiúval – ő volt a barátom – szótlanul baktattunk le az Olt menti strandra. Talán ez volt a pillanat, amikor a lányokra – bizonyára valahonnan tudat alól – mi is elkezdtünk mint nőkre tekinteni. Alapos állattani ismereteink alapján (lásd például: fedeztetés) nem volt nehéz ráébredni, hogy miről is lehetett szó. (Még ha a felismerés némileg viszolyogtatott is...)
Apám szabad idejében, ha éppen nem a tisztáson kártyázott, a kártyaasztalnak kinevezett masszív kőtömb mellett ülve délutánokon át vitatkozott a pappal. Megpróbálta kommunistává átnevelni és vice versa. Apám szorgalmas olvasója volt az – akkor még nálunk is előfizethető – *Élet és Tudomány*nak, s a papot is komolyan érdekelték a filozófiai kérdések. Szent Ágoston és Aquinói Szent Tamás nevét és érveit is tőle hallottam először. Persze az erőfeszítés mindkét oldalról szerény eredménnyel járt. A demokratikus szólásszabadság minden játékszabályához szigorúan ragaszkodó vitáknak azonban gyakorta népes (sőt, mint valami középkori hitvitának, lelkes) hallgatósága is volt. Csak anyám lett mind ingerültebb tőlük. „Engem blamálsz?! Neked már könnyű." (A skizofrénia itt is inherens.) Apámat ugyanis már réges-régen nemcsak kirúgták a pártból, de vissza sem vették. Én magam a hallgatóság soraiból értesültem a rossz hangzású „rúgásról" magáról is. De a miértet a falusiak sem részletezték. Engem viszont a viták – amennyit egyáltalán értettem belőlük – tényleg kíváncsivá tettek. Anyám mindig este tájt tért meg az osztályharcból. (Bár ezzel a kifejezéssel csak az iskolában találkoztam.) A számunkra, gyerekek számára tartott Biblia-értelmezés (melyre én soha nem jártam el, de játszótársaim aznap elcsábítottak) valamivel tovább tartott. „Hol voltál?" – vont felelősségre anyám. (A szokásosnál ugyanis jóval később érkeztem haza.) „A pap bácsinál" – válaszoltam magától értetődően. „Istenről és a világ teremtéséről beszélt. Ádámról és Éváról. Irtó érdekes volt." Anyám arca elkomorult. A keserűségbe utólag némi – talán nosztalgikus – lelkiismeret-furdalást is beleérzek. De

azért mégis rám parancsolt: „No, akkor mehetsz vissza az
Istenhez vacsoráért, mert tőlem nem kapsz." Az intonáció
egyértelmű volt. Én meg szófogadó. Szinte már bosszúból is,
szó nélkül feküdtem le.
Reggeli természetesen már volt. De a tanulság megmaradt...
Édesanyámmal effélékben nem lehetett kukoricázni: reg-
geltől estig építette a „kommunizmust". Alig találkoztunk vele.
Évről évre mind komorabb, fáradtabb lett.

8.

Az apám viszont kezdett kivirágozni. Bár rendületlenül kom-
munistának vallotta magát (néhány, besszaráb románsággal
fogalmazott irgalmatlan *önkritikája* ma is birtokomban van), de
a „párterkölcs" már nem föltétlenül kötelezte. Továbbra is bigott
ateista volt, de jó ember is: a tiszteletes lelkét próbálta (az evi-
lágnak) „megmenteni". Ő már a Paradicsomban élt. Főkönyvelő
volt a kollektívben. Jól fogott a pénzügyi gyakorlat. Ráadásul
segédkönyvelője is volt. Egy Budapestről Köpecen rekedt dáma
(a falu nevezte így). Én is tőle hallottam először olyan szavakat,
mint sparhert, likőr (hosszú ő-vel) meg impertinens...

A férje '41-ben jegyzőként került a faluba, de '44-ben me-
nekülnie kellett. A lányát magával vitte. A fiú beteges volt, az
anyjával maradt. Az esze azonban fogott. Ő lett aztán anyja
főnökének, apámnak, az egyik leglelkesebb kártyapartnere...

Össze is járt a két család.

A bányásznapokat mindig együtt ünnepeltünk. Sőt, apám a
kollektív gazdaság elnökétől néha kölcsönkérte a teherautót is.
Nyári vasárnapokon megesett, hogy a Macskalik nevű, Olton
túli vadregényes domboldalban rendeztünk flekkenes-sörös
kirándulásokat. Ha a lesötétített könyvtárszobában töltött
nyári napokat nem számítom, talán ezek voltak gyerekkorom
legkedvesebb élményei.

No meg a futballpálya, ahol szintén szép napokat töltöttem.
A diákcsapatban én voltam a jobbszélső. Gólt nemigen lőttem,

de – fegyelmezett lévén – jobbára én szolgáltattam a gólpasszokat. Később atlétaként is egyfajta karriert futottam be (kollégista koromban középtávon, 400 méteren egy alkalommal részt vettem az ifjúsági Balkán-bajnokságon is).

9.

Aztán édesanyám betegeskedni kezdett. Kezdetben a méhét vették ki, majd a veséjét operálták meg. Harmadszorra is. Vesekővel. S volt egyéb is. Lizi, a fejőstehén elvesztése nem csak a nagyanyámat, de bennünket, gyerekeket is megviselt. Titokban még édesanyám (a néptanácselnöknő) is könnyezett, mikor együtt kísértük be a gyanútlan Lizit a „közös istállóba". (Azok voltak a kollektivizálás évei.) Közel állt hozzánk, mármint Lizi. Legutószor már én vittem fedeztetni (ismertebb nevén: párosítani) is. Jól ápolt, gyönyörű tehén volt, rajtunk kívül még két bányászcsaládot is eltartott a tejéből. Senki nem bírt elmenni mellette, hogy meg ne simogatta volna. Egyszerre üres lett az istálló, üres lett a csűr. Anyámat ezen kívül még csak egyetlenegyszer láttam könnyezni életében. (De arról majd később...) Ráadásul az egyetlen tehenet nem is kellett volna beszolgáltatni, csakhogy anyámnak jó példával kellett „elöl járnia..."

Egyszerre megürült az istálló.

A ház viszont mind szűkebbnek bizonyult. Abban a reményben, hogy párttagságuk (értsd: mindkettőjüké) rendeződik, édesanyám időközben még Rákoson rászánta magát egy újabb gyerekre. Feltehetőleg őt is immár – a tényleg győzelemre törő – világforradalom tiszteletére nemzették, akárcsak engem. De őt már a Bizánc (sic!) kapuját buzogányával bezúzó Botondról keresztelték el. Szólítani csak Bogárkának, kamaszként még mindig Bogárnak, később Botinak szólítottuk. Kisgyerekként akkor már ő is óvodába járt. Szorongatóan szűk volt nekünk a szoba. Velünk élt anyám bátyja is, aki – feleség híján, ő már nem kockáztatott – a kommunizmusról már fiatalon az alkoholizmusra nyergelt át. Öngyilkosként is végezte...

Az apám eladta a háborúból visszamaradt kosaras BMW motorkerékpárját. (Egyébként sem nagyon használta már. Önkritikáiban azt is be kellett vallania, hogy a pártot megillető telcsi jövedelmeiből vásárolta. Meghagyták neki...) Húsz esztendőre szóló kölcsönt is felvett, hogy az apai telek masszív csűrépületét lakóházzá építse át. A régi lakóházat nem lett volna érdemes, már roskadozott. Az utolsó részletet épp halála évében fizettük ki. Anyám őt jó tíz évvel élte túl... Az új házban már volt tér. A Rákosról ismert perzsaszőnyegek, a bútorok, a könyvespolcok is elfértek benne. Igaz, faltól falig. A konyha tágas volt. Mind a két szobában masszív, zománcos csempéjű szobakályha. Apám kései remekművei. Felépült a remekbe szabott udvari kemence is. A vasút mentiek mintájára.

Napokon át gyűjtögettem és zúztam össze a csorba üvegeket. Akkortájt a kocsmák és az üzletek az épeket még becserélték. De egész halom gyűlt össze töröttekből is. Hogy a hőt visszatartsák, minél apróbbra kellett törni őket... Ez volt a ritka pillanatok egyike, amikor apám rövid előadást tartott kamaszodó fiának egy komolyabb témáról, a hőkapacitásról, mely az üveg esetében a legnagyobbak közé tartozik. Az ilyen kemence szép fokozatosan adja le a hőt... Tehát utánozhatatlan kenyeret lehet sütni benne. (Egyébként – mivel a preferánszhoz valóban született antitehetség voltam – szellemileg jobbára kívül estem apám érdeklődési körén. Alapos természetfilozófiai tájékozottságáról is csak a pappal folytatott vitákból értesülhettem. Mély nyomot hagytak bennem...)

Édesanyám – immár viszonylag fiatal betegnyugdíjasként – remek kenyereket sütött. S most már mi „koppoltuk" a héjukat is. Egyébként szakácsnénak sem volt mindennapi. Igaz, iskola után lassan már szinte mindenben segítenem kellett neki. A kolozsvári kínzások nem csak a lábán, a veséjén, de a szívén is nyomot hagytak. A betegségek súlyosbodása óta már vigyázott is az egészségére.

A család élete rendeződött. Többé ki sem tette a lábát a faluba. Még a rokonok is inkább bennünket látogattak... S mi is közelebb kerültünk egymáshoz. Bámulatosan jól ismerte a görög mitológiát, s az osztály nélküli társadalomról is szépeket mesélt. Bár én már akkor sem egészen értettem, miért kellene nekem egyenlőnek lennem Bölénynek gúnyolt osztálytársammal, aki rendszeresen verte a gyengébbeket. Néha még engem is. Igaz, kettőnk összetűzései inkább verekedésekké fajultak... Anyámnak erre egyetlen reakciója volt: ne hagyjam magam. Ezúttal is szót fogadtam. Csakhogy Bölénynek, ahogy azt román jövedékszóval neveztük, gáskája[10] is volt, mely merő önvédelemből mindig melléje állt, így aztán legtöbbször alulmaradtam. Édesanyámnak kisebb-nagyobb sérüléseimet azzal magyaráztam ki, hogy nem figyeltem a csapóajtóra... Volt ilyen. Elhitte, merthogy apám szerint meglehetősen kétbalkezes voltam. (Bizonyos dolgokban ma is az vagyok...)

10.

Nagyanyámhoz persze sűrűn visszajártam. Nem csak az ő szeretetteljes és spontán személyisége vonzott, de a patak is lenyűgözött a maga titokzatosságával. Még a part közvetlen közelében sem láthattunk le a fenekéig. Volt valami hasonlóság közte és a Felsőrákosról való távozást követő évek között. Szinte már a tér és az idő szerves összetartozását jelenítette meg számomra. Mintha az időt is a Bányapatak nyelte volna el. Éreztem, hogy az idő folyásának is sötét titkokat kell rejtegetnie. Az emlékezetem a szüleim (alsórákosi) „megbecsültségét" még intuitíve rögzítette. Fontosak voltak, mindenki *tisztelte* őket. Az én kisgyerekkobakomat túlbuzgó gyöngédséggel simogatták meg. Ezen az oldalon (azaz a szülőfaluban) már nem nagyon különböztünk más emberektől.

---

10 Klikk, brancs

Még a költözködésre sem emlékeztem. Az okokról nem is beszélve. De számomra is nyilvánvaló volt, hogy történnie kellett valaminek. Azon is sokat töprengtem: mit rejthet a patak mélye? A víz körülbelül derékig ért. Csak a lábunkkal tapogathattunk ki egyegy sörösüveget, régen elhullt állatok csontjait, halott csigákat, a patak bánya fölötti folyásáról származó vízisiklókat, a szomszédok által vízbe hajigált kerékpárláncot, ebihalakat, békákat, melyeket az áradások a Pusztáig sodortak. De éltek vízi lények a patakban is. Igaz, azok már régen alkalmazkodtak a szénpor környezetformáló hatásaihoz. Feketék voltak maguk is, de élet azért volt bennük. Titokzatos, képzeletet nyugtalanító élet, mely inkább a halálra emlékeztetett.

Csak az iskola szertára izgatott bennünket ennél is inkább. Térképekkel, idegen címerekkel, egyesek által a családból is ismert jelszavakkal volt tele. (Ami biztos, az biztos!) Tilos volt belépnünk. De a takarítónő néha bennfelejtett ezt-azt, s nyitva maradt az ajtó, így aztán mindig volt alkalom, amikor sikerülhetett. A nagy térkép sem az volt, mely az osztálytermek falain függött... S volt külön Erdély-térkép is (rajta, mit ad Isten!) a szomszédos nagyközséggel, Baróttal, sőt Köpeccel is...

Az igazgató (aki anyámmal meleg baráti viszonyt ápolt) tudott a látogatásainkról, de ő is úgy tett, mintha nem vette volna észre.

S mi fokozatosan rájöttünk, hogy a rejtélyes térkép Nagymagyarország térképe. Nem csak az akkor (mármint az ötvenes években) formailag még létező Székelyföldet, de még a formailag sem létező Erdővidéket is megtaláltuk rajta. Háromszék részeként. Nem beszélve Sárospatakról, melyről időnként anyám és bátyám is regélt. És hogy a címer is a régi magyar címer. De Nagymagyarország továbbra is rejtély volt. A felnőttek óvakodtak beszélni róla...

Bennem is tudatosult, hogy a mögött a valóság mögött, melyhez közvetlenül hozzáférhettünk, léteznie kell egy másiknak is, melyről azért ugyanúgy voltak sejtelmeink, mint a patak göbbenőiről, melyekből a vízbe fojtott kiskutyákat és macskákat, elhullott madarakat és egyebeket is „kihalásztuk".

Mindenesetre a „régi világról", mármint a köpecről, előttünk, gyerekek előtt alig esett szó. Pedig folyton ott volt a levegőben. Azt tudtuk, hogy Erdővidék egykor Magyarországhoz tartozott. Azt is tudtam, hogy volt „régi román világ" is, nem csak a mai „új". Sőt, hogy a mai „magyar világ" (bár apám a kollektívben – még Magyar Autonóm Tartomány lévén – egy ideig még magyar űrlapokon könyvelhetett) már nem az igazi. A régi magyar világ kizárólag a háború alatti „visszatérést" jelentette. Közhely volt: a mai „Autón" csak a márka magyar, de sofőr mindinkább román. Az idézőjel nélküli magyar világból csak jóval idősebb unokabátyámat emlegették, aki az orosz fronton esett el. Ennél többet azonban nem tudtunk róla sem. Nagybátyám tisztaszobájának falán ott függött kinagyított fényképe. A kép a besorozása előtti években készülhetett. Vékonydongájú kamaszfiúnak látszott. Nem volt benne semmi katonás. A Donkanyart néha emlegették, de hogy az hol volt, és hogy halott nagybátyám mit keresett ott, arról nem sok szó esett. Ma már tudom, a felnőttek sem sokat tudtak róla. Nekem sem sikerült kiderítenem, hol is esett el...

Az is evidencia volt, hogy Magyarországtól („ma már") szinte átjárhatatlan határ választ el. Pedig ott is élnek rokonaink, akik a háborút követően nem tértek vagy térhettek vissza. Egyetlen kislányt ismertem Magyarországról, már a neve is egzotikus volt, hiszen Köpecen a nőket szinte kivétel nélkül bibliai nevekre: Deborára, Jáhelre, Ráchelre, Rebekára, Izára, Sárára keresztelték. Őt dallamosan Annamarinak hívták. Egészen másként öltözött, mint a falubeli lányok. Egyébként ő is Köpecen született, de Budapesten nőtt fel. Nagyanyja, Ida néni – mondtam már – apámnak volt a segédkönyvelője a „gazdaságban" (a közbeszéd a kollektív gazdaságból vagy a „kollektívet" vagy a „gazdaságot" hagyta el. Ízlés szerint. Náluk a kollektív, Ida néninél a „gazdaság" volt az úzus). Említettem: Ida néni férje szüleim telcsi éveit megelőzően Köpec főjegyzője volt. A háború után kettévált a család. Annamari anyjával, az Ida néni lányával még hazajárt a nagymamához, de sem apját, sem nagyapját nem ismertük meg. Egyebekben is különbnek tűnt nálunk. Például a lábfejünk méreteiből képes volt megbecsülni a péniszeink nagyságát. Hogy mi lenne ennek jelentősége, azt már nem árulta el, de mi már nem feszegettük a kérdést. Mi még ott tartottunk, hogy ki tud messzebbre pisálni. Annak már volt némi értelme, sportszerűnek tűnt...

Budapestről és Magyarországról persze sok mindent tudtunk. Hiszen azokban az években még tökéletes hangminőségben fogtuk a *Kossuthot*, a *Petőfit*, sőt (kivételesen, hiszen periféria voltunk, minket még nem zavarhattak) a *Szabad Európát* is. Reggel szüleim első dolga volt, hogy bekapcsolják valamelyiküket. Kezdetnek a *Kossuthot*, nyilván.

Hiszen magyarok voltunk...

Ami már a gyerekek nevein (azaz a mieinken) is meglátszott. Géza, Béla, Botond. Ha közben ki nem „rúgják" őket a pártból, talán még az Árpád-ház egyéb kiválóságaira is sor kerülhetett volna. Mondjuk, éppen Árpádra...

II.

Apropó, magyarság. Apám az aranycsapat világbajnoki döntőjének napján (Köpecen, a faluban még nem volt villamosság, a bányatelepen már igen) kitette a tisztaszoba utcai ablakába (akkor még nagyanyámnál laktunk) a *szebb időkből* visszamaradt, Philips márkájú telepes rádiót. A ház a főutcára nézett. Odagyűlt az egész falu, s apám egy-egy feszült pillanatban – bár tudtuk: bigott ateista – imádkozni is kezdett. Ráadásul besszarábiai románsággal (a négy év kötelező ortodox ima megtette a hatását). Mindkettő valamiféle önkívületről árulkodott: az ima és a besszarábiai román is. A vereség után pedig (mely abban a pillanatban nem csupán egy világbajnokság elvesztése, hanem számára is valamiféle második Trianon volt) továbbra is réveteg, de immár nagy múltú székely káromkodások közepette úgy vágta ki az ablakon a becses készüléket, hogy ripityára törött.

12.

Igen, a rádió... De az már egy másik volt. (Maradt nekünk tartalék is. Eredetileg csak alkatrésznek.) Nos, néhány évvel később éppen iskolába indultam – másodikos gyanánt –, amikor fegyverropogást hallottunk, és a bemondó beolvasta a statáriumra vonatkozó elnöki tanácsi határozatot. A megváltozott magyarországi (és nem utolsó sorban moszkvai) hangulat rádión onnan és túl már hozzánk is beszivárgott. Bár a román rádiót döbbent csönd uralta, apám időnként a románra is átkapcsolt. („Ezek ismét spekulálnak...", morgott maga elé.) Így hát én már azzal a hírrel léptem be az osztályba, hogy Magyarországon forradalom van. Aztán helyesbítenem kellett, mert senki nem értette, miről beszélek: háború. Ezt már ők is értették. Lövöldöznek.

Órák után fura hangulat fogadott. Akadt egy – az iskola szomszédságában lakó – diáktársam (szüleit korábban kulákoknak kellett nyilvánítani), aki azzal támadt rám: „Úgy kellett nektek! Anyádék csinálták ezt az egészet. Vége van! Többet ne hősködj a kommunizmusoddal. Ti sem vagytok jobbak a fasisztáknál!" Szavaiban nyilván a kollektivizálás (mélyen ott lappangó) traumái törhettek fel. Mondatait is nyilván hallomásból idézhette. Voltak, akik helyeseltek neki...

A többség azonban szánakozva nézett rám. A Bányavállalat gyors felvirágzása ugyanis a fiatalabb generáció számára a korábbi, magánbirtokból származó jövedelmek sokszorosát nyújtotta. A faluközösség is meghasonlott némileg. Eleve sem volt egységes, hiszen már a múlt század vége óta a faluba a Monarchia iparosodottabb államaiból érkeztek és maradtak vendégmunkások. Az osztálytársaim közt is bőven akadt Teller, Kaller, Vindics, Hrabal, Trebics, Kucsera. Persze egyik sem tudott már, csak magyarul. S a kollektív gazdaság is jól működött, nem utolsó sorban apám matematikai zsenijének köszönhetően.

Az osztálytársamra nem sértődtem meg. Különben mindig is jól viseltem a sértéseket. Úgy tekintettem: ez az ő véleménye. Joga van hozzá. S lehet némi igaza is... (Lásd Lizi!)

Édesanyámék múltja egyébként is tele volt rejtélyekkel. Pedig Blankától akkor már magam is sok mindent megtudtam. Jót is, rosszat is. Részben már esett szó róla. A párt apámnak egy csupán „jobb magyarokat" (ezt már akkor sem igazán értettem) megillető Futura-igazolványt is *szerzett*. Valahogyan. S ennek alapján, nyilván pártutasításra, vállalkozást alapítottak. Szinte már *amerikai tempóban* vagyonosodtak dúsgazdaggá. A szépségesre mázolt virágos tányérok révén. Apám később egyéb csodákra is rákapatta őket. A befolyt pénzből természetesen a Pártot finanszírozták. (A nagybetű inherens.)

A lelkesedéstől, hogy ők lehetnek a *közelgő osztálynélküli társadalom* kolozsvári főszponzorjai (melyben mindenki úgy élhet már, ahogyan mi éltünk), kissé a konspirációt is elhanyagolták. Így aztán nemsokára lebuktak. A vallatások során, amikor is nem ők voltak az igazán érdekesek, hanem kolozsvári kapcsolatrendszerük, meg is kínozták őket.

Édesanyám azonban, akinek főként a veséjét verték, s egy életre bele is betegedett, ha álmából felriadt, még jó tíz évre rá, azaz még az én kamaszkoromban sem a családi közbeszéd Horthy-pribékjeit átkozta, hanem megdöbbentő utasítással vert fel álmomból: „elvtársak, ne verjetek!". (Ő soha nem kért, hanem hivatalból utasított, igaz, minket, gyerekeket – a Biblia-órától eltekintve – szinte soha.) Végül – ezt már édesanyám „panaszolta el" – annak a „lélek-közeli" elvnek az alapján (esett már szó róla), miszerint székelyek nem lehetnek igazi kommunisták, a kolozsvári Nagy Kommunista Per bírái felmentették őket.

A kommunizmus már keményebb diónak bizonyult.

13.

Azt már ismét Dénes bácsi mesélte – akkorra már átköltöztünk az új házunkba, melynek végében már egy másik, ezúttal kristálytiszta vizű, erdei patak folydogált –, hogy '45 után – a magyarországi Sárospatakról hazatérvén – a Sztálin (ma már

Brassó) tartományi Rákos rajonban (a székhely az Olton túli Alsórákos volt) mindketten immár legális pártfunkcionáriusokká léptek elő. Anyám akkortájt valamiféle propagandista szerepet játszhatott (illett is hozzá, jegyezte meg a patakparton üldögélve, némi rosszmájúsággal Dénes bácsi), apám pedig (Dénes bácsi újabb megjegyzése: mi is lehetett volna más?) a párt gazdasági osztályának lett a főnöke. Kisgyerek korom táján váltak kritikussá a rekvirálások. Apámnak akkor már a kisiparosoktól kellett behajtania a kommunizmus felépítéséhez nélkülözhetetlen alapokat. A háború a guruló rubeleket is megritkította, s a félreeső rajonnak alig volt ipara. Sőt, Romániának is kártérítéseket kellett fizetnie. A Szovjetuniónak. Így aztán a »pártnak« radikálisabb módszerekhez kellett folyamodnia.

Amíg apám ki nem tette az asztalra a pisztolyt, a kisiparosoknak sem nagyon volt pénzük. Aztán mindig lett. Ezt a sógor is fejcsóválva mesélte mint megbocsáthatatlant, de azt a pisztolyos osztályharcot, mint később kiderült, már ő sem volt képes megbocsátani – immár önmagának. A lelke mélyén ő is útonállásnak tekinthette. S egyszer csak be is telt a pohár. A maga sajátos módján. Épp kitette a pisztolyt a pultra, amikor megjelent a ház asszonya...

(A történetnek ezt a részét a sógor már feleségétől ismerhette, feltehetőleg – a következmények magyarázataként – anyám panaszolhatta el némileg az illegális konspirációban is részes sógornőjének. Ezt a pikáns részletet nyilván az efélében valóban hozzáértő Szekuritaté deríthette ki és hozta – közvetve – anyám tudomására. A kommunizmus számára a család már vagy még nem számított szentségnek, csak később, Ceauşescu feleségének – a házasságon belül domináns, sőt négy osztállyal akadémikussá is avanzsált nagyasszony – elszánt önvédelmében vált azzá. – B.B.)

„... Az is Erdővidék szerte híres szépség volt, mint egykor anyád. Apád pedig akkor már az eszmét és társasjátékokat nem számítva csak a szépasszonyokat tisztelte. Szenvedélyesen...

A pisztoly eltűnt. Vele apád is. És nem csak a kisiparos lakásából, de Alsórákosról is. Köpecig a BMW-motorkerékpárral

félóra volt az út. Összehítta egykori kártyapartnereit. Már Telcs -
Magyarhon dzsentrivilágából verbuválódott - úri társaságában
is a preferánsz volt a kedvenc kártyajáték. A köpeci jobb társaság
tagjai közt a - szintén Budapestről delegált - jegyző honosította
meg ugyanezt a szórakozást. Egy teljes hétig tartott a pezsgős
kártyaparti. Egészen addig, amíg meg nem jelent a Szekuritáté.
Apád sietve ágyba vágta magát (formailag betegszabadságon lett
volna), az egyik szekus azonban meglebbentette a paplantakarót,
s előbukott alóla apád katonacsizmája.

Másnap a párbizottság meg is hozta az ítéletet. Tekintettel
illegális múltjukra, közölték velük, anyáddal is (mintha apád
rejtélyes „betegsége" önmagában sem lett volna elég), hogy
mindkettőjüket örökre szólóan mentesítik az új rendszer meg-
teremtésének kiváltságai alól. Ezt már anyád nem tudta apádnak
haláláig megbocsátani. Apád ellen természetesen nem a kártyás
hét volt a voltaképpeni vád (ez múltjuk ismertében akár bagatell
is lehetett volna), hanem az, hogy az augusztus 23-i díszgyűlésen
(ekkor állt át a - bestiális besszarábiai és ukrajnai zsidóirtásokat
is lebonyolító - román hadsereg az oroszok oldalára, megpecsé-
telve Észak-Erdély jövőjét is) állítólag gyászruhában ült a prezí-
diumban. (Legfeljebb a sötétkék lett volna a hivatalos.) Anyád
szerint ez gyalázatos rágalom volt, de az már mit sem számított.
Főként mert neki is volt »vaj a fején«. Ő állítólag a Kolozsvári
Nagy Kommunista Pert hallgatta végig összekulcsolt kezek-
kel. Nem tagadta, hiszen ezt a (gyerekkorból örökölt) szokását
mindenki jól ismerhette. Vádlói szerint azonban a »hivatalból
ateista« elvtársnő - kétszínűségét akaratlanul is leleplezve -
imádkozott... Anyád szerint mégiscsak apád volt a főbűnös...
Az ő kispolgári »csökevényei« tették tönkre az életünket. (»Hál'
istennek«, motyogta még maga elé a sógor...) Végül a »Párt« is
belátta tévedését (erre akkortájt akadt még példa), s rövidesen
»felfüggesztette« anyád párttagságának felfüggesztését."

A pártból való (anyám esetében csupán átmeneti) kiebrudal-
tatás dacára továbbra is kommunistának tartották magukat.
A falu is őket. De (a sokak által kajánul emlegetett karrierjük
ismeretében) immár illő tapintattal. Így aztán (a sérthetetlen

pártfegyelem valamiféle üledékeként) halálukig kitartottak egymás mellett. Az internacionálé szellemének megfelelően a múltat végképp „eltörölték". Számunkra, gyerekek számára is csak az „eszmét", meg a Lenin elvtárs iránti áhítatot tartalékolták. (Apám szüleiről például nem ismerek egy árva anekdotát sem…)

14.

De így is szinte már bénító meglepetés volt, amikor annak a puskaropogásos rádióadásnak a délutánján együtt láttam őket. (Mármint időközben kissé már elhidegült édesapámat és édesanyámat.) Szorosan egymás mellett. És ami még megdöbbentőbb volt, derűs tekintettel. „Kitört a forradalom" – közölte anyám is. S apám arcáról ismeretlen diadalérzetet olvashattam le. (Effélét tőle legfeljebb az aranycsapat valamely győzelme nyomán vártam volna.)
Nem értettem. Hiszen útban hazafelé – eltérő felhangokkal – mindenütt azt hallottam, hogy a kommunisták *megbuktak*. Kicsit megzavarodtam, hiszen a forradalomról nem csak idegenek jelenlétében, de a családban is csak lelkesedéssel lehetett szólni. Hogyan győzhetett a forradalom, ha a kommunisták megbuktak?
S ha eleve csak ők juthattak forradalommal (a Nagy Októberivel) hatalomra…?
Az, hogy édesanyámék ennek a „katasztrófának" még örvendjenek is, végképp képtelenség volt. Igaz, „Sztálin elvtárs" neve (az idézőjelek – ha a név mégiscsak előfordult – sajátos hangfekvést jelölnek) minálunk tabunak számított. Mi, gyerekek – legalábbis odahaza – alig hallottuk hírét. Magyarázatra nem volt szükség. Az ellenszenv benne volt a levegőben. A „népek békés együttélésének honát", a Szovjet Uniót megteremtő Lenin elvtárs képe azonban (díszes keretben) továbbra is ott függött anyám ágya fölött. (Utólag, már idősen tudtam meg a szovjet történelem neves ismerőjétől, Kun Miklóstól, hogy az Unió népeit sem kímélő kommunista terror közel sem Sztálinnal kezdődött. Hanem sajnos, panaszolhatnám én is, az édesanyám

által szinte már szentként imádott, *emberséges* Leninnel. Már ő is koncentrációs táborokba gyűjtötte az *apósomféléket*. Nem sokan élhették túl.)

Nem pusztán mentségként mondom, anyám erről talán még mit sem tudhatott. Manapság sok szó esik az ideológiai buborékokról. Ő, sőt mi mindannyian, egy affélében éldegéltünk. Talán a Szabad Európát is csak azért hallgattuk napi rendszerességgel, hogy a nem kevésbé elfogultnak tűnő imperialista „gyalázkodások" kommunista hitünket erősíthessék. Köpec már eleve valamiféle burok volt számukra. Annak ellenére is, hogy szüleim korábban bejárták fél Nagymagyarországot. '19-ben, még szinte gyerekként (ökörszekéren), a román hadsereg elől menekülve Kolozsvárig, majd később kommunistákként a németek elől menekülvén Sárospatakig.

Ennek az emléknek a hatása alatt később már képtelen voltam megérteni, hogy édesanyám (apám implicite már korábban kilépett, ha nem is az egészből, de annak gyakorlati vonatkozásaiból) hogyan ragaszkodhatott (haláláig) a kommunizmushoz, amikor számomra, gyerek számára is lassacskán nyilvánvalóvá vált, hogy a megvalósult kommunizmussal nem minden lehet rendben.

Ma már azt hiszem, értem.

Egy képtelen, de kezdettben a romániai magyar értelmiség miden jelentős alakja által elfogadott, s *elvben valóban lenyűgöző* fogalom, az *internacionalizmus* miatt. Csakhogy a kommunizmus nem a nemzetek közötti békességet hozta el (amint azt Leninről feltételeztük volna), hanem a békeszerződések által teremtett kisebbségi közösségek (precízebb megfogalmazásban a nyelvi-kulturális közösségek) szisztematikus felszámolásának gyakorlatát szentesítette. Ez utóbbi – a kezdeti mézesmadzagokkal – a népi hatalom égisze alatti is egyre inkább galoppra váltott. Mindig is tudtam, hogy édesanyám a lelke mélyén nagyon is magyar érzelmű volt, de ezt akkor egy (mindinkább) *román* kommunistának már nem volt „illendő" hangoztatnia. Bár elvben még lehetett...

Abban reménykedett, hogy az internacionalizmus, mely a szó szigorú értelmében „nemzetköziséget" jelentett volna, megmentheti az ő „nacionalista", azaz magyar (de ez végül váradi feleségem megjelenésével vált egyértelművé: főként székely) hazafiúi (vagy honleányi) érzelmeit és alapjogait. Magyarán: hogy egy normális világban a hazaszeretet összeférhet a nemzetköziséggel. Nem olvadhatunk bele egy arctalan emberi közösségbe, hanem a kommunizmus olyan – hite szerint az asszimiláns Petőfi által is vallott – világszabadságot hoz el, mely nem egy arctalan nyelv- és kultúra nélküli világállam keretrendszerét „teremti meg", hanem egy olyat, melyben mindenki megőrizheti – így vagy úgy ráöröklődött – nemzeti azonosságát. Hogy az internacionalizmus nem oszlatja fel a nemzeti létet (bár Marx a történelem végkifejletét – nekünk már így tanították – még tényleg így vélte), hanem a nemzeti érzelmeket összeférhetővé, a nemzeteket (akkortájt divatos szóval) testvérekké teheti.

Nekik is korán rá kellett jönniük, hogy nem ez történik, de halálukig hittek abban, hogy elvben mégiscsak megtörténhet. Ez a tévhit zavarta meg mindinkább valóságérzéküket is.

15.

A bátyám az '56-os események kapcsán, a Kolozsvári Ion Andreescu Képzőművészeti Intézet IMSZ-titkáraként ugyanúgy rajongott a *forradalomért*, mint a szüleim (sőt, neki még – vagy már? – lehetett némi valóságérzéke is). Csakhogy őt a Szeku is „beszervezte". Igaz, soha nem jelentett senkiről, erről ma már dossziém is van. (Alig egy év múltán ki is zárták a hálózatból.) De a kolozsvári ötvenhatosok perében (láthattuk) valóban ő volt az egyik koronatanú. Szüleim sorsának ismeretében – hogy gyerekkorom székely eufemizmusával fogalmazzak – ő már beszart. Annál is inkább, mert az Állambiztonság látszatra vele és néhány társával szerveztette meg a magyar (már akkor „ellenforradalommal rokonszenvező") IMSZ-gyűlést. (Nem is lehetett emberfölötti feladat. A lelkük mélyén mindannyian rokonszenveztek a forradalmárokkal. Hogy Géza – a serdülőkori élmények nyomán – miért nem gyanakodott, az számomra ma is fogas kérdés.) Az

Állambiztonság célja azonban szinte már rögtön világossá vált. Azért volt szükség rájuk, hogy aztán le lehessen tartóztatni azokat, akik ott szóra emelkednek. S ha nem vallanak ellenük, természetesen őket, a *szervezőket* is. Igaz, a vallomás, melyet elő kellett adniuk, már egyenesen Bukarestből érkezett. Ki ne emlékezne *A tanú* című híres filmre, melyben önnön *vallomása* olvastán Pelikán így fakad ki: „...elnézést, Virág elvtárs, ez már az ítélet!".

16.

Hogy a saját gyerekkoromra visszatérjek, a gyanútlan szomszédasszony átjött édesanyámékat vigasztalni: Rákosi elvtársat sem kell sajnálni, az is „utolsó gazember volt." Eddig nem mondott effélét. Pedig náluk is jobbára a Szabad Európa volt az egyik háttérzaj, akárcsak nálunk. Igen, Köpec a világvége volt. Összetartottunk. Még édesanyámékat sem figyelte már senki. A falu azonban továbbra is csínján bánt velünk. Kezdetben – még édesanyám néptanácselnöksége előtt – a Duna-csatornát[11] néhány köpeci is megjárta. Mit lehet tudni...? Ráadásul anyámnak – bár a falu általában elismerte, hogy az minálunk „némileg" (mármint a szomszéd falvakhoz viszonyítva) *„emberségesebben"* zajlott – a kollektivizálást sem sokan tudták megbocsátani.

Igaz, akinek nem fűlött a foga hozzá, ott volt a Bányavállalat...
Ami egy, a faluból nézve lenyűgöző valóságként bontakozott ki. Egyfajta minden javakban dúskáló „proletár" álomvilágként. Nagyáruházzal, vendéglővel, cukrászdával, kultúrotthonnal, akkoriban szinte páratlan méretű filmszínházzal, extra futball- és kuglipályával. A bányát a Bukarest-Szatmár fővasút ágostonfalvi állomásával ingyenes járat kötötte össze. A kisvasút szállította a vállalat által kitermelt lignitet. És szállította a – főként a

---

11 Itt voltak Románia hírhedt fegyenctelepei is, lásd Visky András nagysikerű regényét, a Kitelepítést (Jelenkor, Budapest, 2022.)

faluban és az időközben felépült divatos bányászblokkokban élő – munkásokat (és mindenki mást) is. A járatok természetesen a váltásokhoz igazodtak. A falut a vállalattal körülbelül két és fél kilométeres országút is összekötötte. E mellé épült a vasútvonal. A falu a fontosabb eseményekre testületileg felrándult Köpecbányára. A vasút már csak az éjjeli órákban indult újra. A kulturális rendezvények közönsége – főként nyaranta – már kénytelen volt a falut a szomszédos domboldalon átvezető ösvényen megközelíteni. Gyerekkorom legszebb élményei közé tartoztak a filmvetítéseket követő késő esti séták. Nem csak magyar feliratos szovjet, cseh, keletnémet, bolgár filmeket vetítettek, de (az „internacionalizmus" égisze alatt) zömmel magyarokat is (az idegeneket is pusztán magyar felirattal, a román fölösleges lett volna). '56 előtt gyakorlatilag még minden magyar film eljutott hozzánk is.

A hosszú séták során mindig megvitattuk a látottakat. Ezek a kötetlen, közösségi együttlétek az összetartozás egy olyan mély élményével szolgáltak, melyekre későbbi életemben is kevés példa akadt.

Vitatni is volt, amit. A forradalom különösen mély nyomokat hagyott mindannyiunkban.

Az eufória sajnos nem tartott sokáig. Megjelentek a fehér brosúrák a lámpavasra húzott ávósokkal. Ingyen osztogatták. Olyan arc is volt köztük, melyet édesanyámék – még a kolozsvári illegális évekből – felismerni véltek. *Emberül állták a kínzásokat* – olvashattuk a kísérőszöveget... (Az analógia a szüleim számára nem maradhatott hatástalan...) Néhány napig a *Szabad Európát* sem hallgattuk. De ezt a múltat (mármint a november 4-eit) is sikerült „végképp eltörölni". A továbbiakban szó sem esett róla. Legalábbis odahaza. De egy idő után már a faluban sem. A közösségi összetartozást egyfajta kollektív félelem kezdte felváltani. A hatalom a munkásságtól különösen rettegett. Egyre kevésbé volt titok: a besúgó-hálózat, melyre minálunk korábban nem nagyon lehetett szükség, a munkásság körében is „megszerveződött".

A bátyám hazahozta Kolozsvárról a magyar '56 összes dokumentumát, napilapokat, de az *Irodalmi Újság* számait is, beleértve a november 2-it, benne Illyés Gyula *Egy mondat a zsarnokságról* című versével. (Sztálin halálát követően egy ideig a határok is átjárhatóbbakká váltak.) De a szüleimen már ez sem segített. A családban senki sem kommentálta. Nem terjesztettük, igaz, el sem tüntettük őket. Én gyakorta újraolvastam, de nyolcéves korom táján Illyés Gyulából is az anyám ágya fölött terpeszkedő forradalmi szellemet, Lenin tanainak „szépségét" olvastam ki. A szüleim sem tudhatták, hogy Gézát beszervezték. (A hazahozott lapok olvastán végképp nem!) Az igazságot talán már ők is rettentő nehezen viselték volna el. A bátyámnak aláírással kellett vállalnia, hogy senkinek – még a szüleinek (felkiáltójel az eredetiben) sem fog beszélni arról, amit ott aláírt.

17.

Aztán középiskolás lettem, s legjobb barátom – hogy, hogy nem – éppen a magyarvilágbéli Bibarcfalva csendőrparancsnokának fia lett. Erdővidék egyetlen gimnáziumába, a barótiba – az apja miatt – nem mehetett. (Blanka is, hiszen egy ideig Dénes bácsi is csendőrparancsnok volt, csak anyámnak köszönhetően végezhette el a gimnáziumot.) Sepsiszentgyörgy viszont eléggé messze volt ahhoz, hogy ne lehessenek gondjai. Engem meg a szüleim küldtek a jó nevű 1-es Számú Középiskolába (a közbeszéd Székely Mikó Kollégium gyanánt emlegette). Első pillanattól összetartoztunk. Elvégre Bibarcfalva és Köpec szinte már szomszéd falvak. Épphogy megkezdődött a 8. osztály (a „líceum" első éve). Vita vitát követett, én még mindig a Nagy Imre, majd Kádár elvtárs által „rehabilitált" kommunizmust eszményítettem (az eszmei zűrzavar immanens), ő továbbra is a forradalmat istenítette. A pesti srácok közt voltak rokonai is. Tőle hallottam Nagy Imre haláláról (a kollégiumban már nem férhettem hozzá a Szabad Európához.) Alaposan megrendített és összezavart. De szavaiban nem kételkedhettem. Igazi jó barát volt, önzetlen, őszinte, csupa melegség, akárcsak Dénes bácsi. Hinnem kellett neki. Elválaszthatatlanok lettünk.

Egymás mellett volt az ágyunk is... Mindkettőnknek megvoltak a magunk érvei. De mindketten éreztük a másikban a gondolkodó lényt, és főként az őszinteséget. Kölcsönösen tiszteltük egymást. (Az a néhány hét volt addigi életem egyetlen, a szó eredeti értelmében demokratikus korszaka. A *tökéletes* szólásszabadság zárójele.) Igaz, egy napon ebéd közben azzal is elbüszkélkedett, hogy – mondjak, amit akarok – ő akár gyalog is kimenne Amerikába. Sőt, mondta mosolyogva, üzenne is nekem: „Szív küldi szívnek, szívesen..." Néhány napra rá hívatott az igazgató. Az irodában két, sötét ruhás ismeretlen. Leültettek. Előmbe tettek egy papirost, s megkérdezték: „Igaz, hogy X. Bálint – gyalázat, de a múlhatatlan lelkiismeret-furdalás a vezetéknevét már kitörülte az emlékezetemből (csupán két vagy három hétig éltünk együtt) – tegnap azt mondta, hogy gyalog is kiszökne Amerikába?" „Csak kimenne" – javítottam ki reflexből, s (immár ijedten) még hozzátettem (bár rögtön tudtam, hogy hülyeség): „de csak mondta, nem gondolta komolyan..." Hiszen azt az ironikus mondatot is tőle „tanultam", hogy a „kommunizmusban" nem csak beszélni, de gondolni sem mindent szabad. A stressz hatása alatt ez is jutott eszembe, majd egyszerre belém nyilallt: „Honnan tudhatják? Csupán hatan ültünk az asztalnál... Mindig ugyanazok!" S az is, hogy nem hazudhatok, négyen olvashatják a fejemre: tényleg mondta. S olvasnák is, hiszen irigyeltek bennünket. Mi voltunk az osztály esze. „S miért engem hívtak?" Aztán rögtön le is esett a tantusz: „Ki lehetne hitelesebb tanú, mint az „illegalista szülőktől sarjadzó" legjobb barát...?" Az igazgató *elvtárs* arca is elborult. Hogy észre ne vegyék, picit mintha a fején is rázintott volna egyet. (Voltaképpen ezzel a parányi, ösztönös fejrázintással léptem a felnőttkorba. Néhány másodperc alatt a szó szoros értelmében *rengeteget* „okosodtam". Egyelőre sajnos eredménytelenül.) „Lényegtelen" – legyintett a nyakkendős. „Írd úgy. De a *gyalog* és *Amerika* (a szavakat jelentőségteljesen nyomatékosította) benne legyen."

Benne maradt. Rohantam, hogy figyelmeztessem, de korábbi „barátom" (akiről már pontosan tudtam, hogy végül én is

elárultam) már nem volt az osztályban. Senki nem tudta, hová
tűnhetett. Nekem is csak évekkel később vallotta be egykori
(egyébként emberséges) igazgatóm, hogy még a vallomásom
előtti szünetben kirúgták *az ország összes iskolájából*. Neki sem
hagytak időt, hogy figyelmeztethessen bennünket, vallotta be
töredelmesen. Értem is aggódott.
  Ráadásul lassan az is elterjedt rólam, hogy én súgtam be. Ez
volt a bosszú az IMSZ-titkárhoz méltatlan, kényszeredett viselkedésemért. (Akkor már én is IMSZ-titkár voltam. Én is pusztán
formailag.) Hogy ki húzott csőbe bennünket, ma sem tudom. A
négy közül valaki. Az ő nevüket kellett volna elfelejtenem. Rájuk,
sajnos, emlékszem. Név szerint és múlhatatlan hányingerrel!
  Egész nap magam előtt láttam azt a papírlapot. Az volt az én
„kis" romániai magyar ötvenhatom.

18.

Kínkeservesen aludtam el.
  Egy fiatalembert láttam, aki éppen az általam is jól ismert
sepsiszentgyörgyi krumpliföldön gázol át. (Pillanatokra mintha tudatában is lettem volna, hogy mindez nem álom, hanem
valóság, s amit látok, voltaképpen velem történik...)
  Váratlanul a földhöz ütődött. Ruháját elnehezítette a sár.
Torka kiszáradt.
  – Kirúgattátok! – vágta szemükbe.
  – Te rúgattad ki. Nem kellett volna vitatkoznod vele!
  Kati a katedra szélén ült. Maga alá húzott lábait szorosan átkulcsolta kezével, állát beillesztette a két térde közé. (Álmában
úgy tűnt, mintha volna ilyen nevű osztálytársa is.)
  Az előtte álló fiú a pad felnyitható lapjára támaszkodott, aztán lomha mozdulattal felhúzta magát a pad tetejére. Szemhéjai
összeszűkültek, és úgy tűnt, mintha valahonnan a magasból
nézne le rá.
  – Hazudtok! – kiáltotta.
  Kiröhögték. Csak Kati nem nevetett.

Ököllel akart nekik menni, de a pulóvere a térkép lécébe akadt. Gyors mozdulattal a falra tapasztotta a tenyerét. Megfordult. A padlón szeg koppant. Lehajolt, hosszan illesztgette a falba a szeget. A térkép szakadt volt.

Amikor a tanárnő belépett, már a padjában ült...

Megállt, hogy lesöpörje a nadrágjáról a sarat. A bombatölcsérek falait senyvedő fű takarta, s az egyiket éppen a lábánál szemétgödörnek használta valaki. Egy idő óta már csak ezt a mezőt látta reggelenként, s körötte mindig a frissen ásott föld keserű szaga érzett.

– Találtam egy nagyszerű helyet – mondta aztán lelkendezve Katinak. Izgatottan, szótlanul mentek ki a város szélére.

A mezőt lövészárkok barázdálták keresztül-kasul. Durván nyesett ágakból font kerítés mögött tehenek legeltek. Helyenként már simára gyalulták nyelvükkel a rétet.

– Tetszik? – kérdezte.

Kati csak nézte a kopár, gyér füvű völgyet. Hallgatott.

Aztán már tombolt a szél. Valahol a köd mögött tankok dübörögtek. A szél egy rongydarabot rántott át a képen. Megjelent egy katona. Arcán iszonyú félelem. Szeméből könnyet facsar a fagy. Tanácstalanul szétnéz, és eszeveszetten rohanni kezd a tankok mögött. Kiabál. Köpenye szárnya csattog a szélben.

Fölbukik.

Hasadt nadrágján át látszik, hogy vérzik a lába. Végül egy nagy véres folt a havon. Rémült kiáltás hallatszik. Megtölti a havas mezőt. A látvány, mint ék hatol a fülébe, és valami erős feszítést érez a homlokán. Segítségért kiáltana, de a jeges, fütyülő szél mindig visszahozza, mintegy lábaihoz rakja szökni akaró hangjait, s közben nevet. Már menekülne, de nem tud. Csak a vérfoltot látja a havon, a fekete vérfoltot, mely lassan megtelik vörössel és ő jólesően belezuhan.

Ha eszébe jutott a film, mindig úgy érezte magát, mint egy tó fenekén. Kínzó élességgel látta a képeket, de a partok felé körös-körül csak a felszín higanyos tükre csillogott. Nem lehetett átlátni rajta.

Égő szemekkel mesélni kezdte a történetet:

- Dübörögtek a tankok, a szovjet hadsereg...
A lány hanyatt feküdt. Ezt hallotta az iskolában, a rádióban, undorodott ezektől a történetektől. A szülei is undorodtak. Félt. Ez a fiú napok óta a háborúról beszél neki. Pedig mennyire rokonszenves! Mégis nyálkás ingerültség fojtogatta... - Gyűlölöm a szovjeteket! Érted?! Gyűlölöm! - ült föl hirtelen. A fiú egyszerre védtelen és riadt lett. Valami göröngyöt sodorhatott le a szél a lövészárok széléről. Hallatszott, amint kopogva végiggördül a földön.
- Ne haragudj! - kiáltotta rémülten a lány. Szemében könnyek csillantak. Magához ölelte a fiút. Ő érezte a lány gömbölyödő mellének érintését. Amikor kinyitotta a szemét, a tárgyak még lágyak és ködösek voltak, de aztán lassan, megnyugtatóan, mint homokban a víz, szétszivárgott bennük a csók.
Kati mosolygott. Meg akarta mondani, hogy ez volt az első csókja, de jólesett a csönd.
Kedvében akart járni a lánynak. Lelkesen csillogó szemekkel ki is mondta az első szavakat, a kettőjük történetét, de a katonát látta újra. Fagytól dermedő arcát. A közös együttlét képei minduntalan elszöktek a homloka mögül. De mesélnie kellett. Már nem hagyhatta abba. A háborúról mesélt, elkeseredetten, szinte suttogva, s alig tudta megállni, hogy ne sírjon...
Nadrágja még mindig nedvesen tapadt a combjára, s cipője meg-megcsúszott a füveken. Letörülte arcáról a sarat. Érezte a lány hűvös bőrét.
Egyszerre csak a kert magas füvében feküdtek egymás mellett.
- A fogamat nézed?
- Nem - hazudta a fiú.
- Ez az egy előbbre nőtt, mint a többi, a lányok azt mondják, csúnya...
- Dehogy - vágta rá lelkesen.
A lány szeme tükrében jól látszott, amint nyúlánk fűszálak lengedeznek a szélben, látszottak a háztető parányi, vörös cserepei, a csillag nagyságú napocska, s az almafaágak éles rajzú levélkéi is.

- Csalsz - kapta hirtelen kezét szeméhez a lány. - Nem engem néztél.
- A szemedet néztem.
- Milyen színe van? - kérdezte, s nevetve továbbra is rejtve tartotta kezével az arcát... Ujjai közül nézett a fiúra.
Ő megpróbált visszaemlékezni, de hiába.
- Nem jut eszembe...
- No, látod! Valld be, hogy a fákat nézted!
- Honnan tudod?
- Éreztem - válaszolta a lány. S mint mindig, félszájjal mosolygott, de soha nem valamiféle gúny, inkább gyöngédség volt a mosolyában.
- Olyan jó, ha így mosolyogsz.
- Igazán? Ezután, ha együtt leszünk, mindig így mosolygok. Jó?
Egy darabig szótlanul néztek egymásra. A fiú szerette volna gyöngéden, csak az ujja hegyével megsimogatni a lány csorba mosolyát. Ujjai hűvös, finom bőrét érintették.
- Nekem nagyon tetszenek a fogaid. - mondta - Szeretem őket...
Sejtelme sem volt, mióta botorkál a lövészárkok között. Már alkonyodott. Mióta eltalált ide, csak itt érezte otthon magát.
Néhány napja találkozott először Katival. Az első iskolai napon. Mielőtt Katit megismerte volna, mindig arról álmodozott, hogy egy szovjet kislányt fog szeretni. Az egyik folyóiratból ki is vágta egy szovjet pionírlány képét. Most is ott van az egyik füzetében...
Kati a növénygyűjteményét rendezi. Kezében tartja a lupét, meg-megnéz valamit, aztán feszülten ügyelve minden mozdulatára, összecsücsörített ajakkal leveleket meg gyökérmetszeteket tesz-vesz egy kis asztalkán. Amikor befejez egy mozdulatot, mosolyogva felsóhajt egy pillanatig, aztán kezdi elölről.
Az osztályban a fiúk futballmeccset tárgyalnak hevesen és lelkesülten. Látja az egyiket, amint a pad tetején állva, széles mozdulatokkal magyaráz valamit a többieknek. Arca ragyog az örömtől, de ő már nem érti a szavait.
Nem, ezek őt nem értik meg soha. Bálint értette volna, még ha gyakorta nem is értettek egyet. De őt - az igazgató elvtárs szerint - már nem fogja látni soha...

Szeretett volna belelőni a csillagtalan, elsötétült égbe. Egyszerre csak tényleg kezében érezte a fegyver markolatát. Teste a kattogás ütemére remegett. A golyók élesen fütyültek el a levegőben. Látta osztálytársai eltorzult arcát. Aztán megbotlott valamiben. Éles fájdalmat érzett, mely zuhanás közben, mintha elvágták volna, megszűnt. A föld égnek fordult a robbanás erejétől, aztán tompa puffanásokkal visszahullt.

Már ébren a fejemhez kaptam. A társaim is felriadtak, de aztán megnyugtatták magukat: robbantanak a kőbányában. Az ablakréseken már beszűrődött a fény.

19.

Mind nyilvánvalóbbá vált, hogy a kommunizmussal nagyon nagy bajoknak kell lenniük. Különös módon folytonosan azokhoz vonzódtam, akik nem mindenben értettek egyet velem. Mármint a „kommunistával". Szerencsém is volt, mint mindig az életben. Eredetileg – talán említettem már – az egyetemen német-magyar szakra iratkoztam be. De mikor *kiderült,* hogy én – ha tartom magam Rácz Lajos maximalista elveihez, azaz az édesanyámtól is örökölt tökéletesség illúziójához – labdába sem rúghatok az akkor még hiánytalanul Romániában élő szászok mellett, feladtam. Maradt a román-magyar. Csak a németet kellett felcserélnem románra. Sepsiszentgyörgyön románból is talán a legjobb voltam.

Ismét ráébredhettem, hogy ezt az alsórákosi milicista fiának, Nicunak köszönhettem, akivel évekig nem csak egész nap együtt játszottunk, de esténként – ugyanattól a magyar családtól – együtt hordtuk haza a tejet is. Ami bizonyos értelemben természetesen mindkettőnket diszkreditált is. De ez számunkra nem okozott semmiféle zavart. Mindketten „fölötte állunk" környezetünknek. Én azért, mert szüleim kommunisták voltak, ő meg azért, mert román. Ebben a „szépséges kölcsönösségben" szinte öntudatlanul megtanultuk egymás nyelvét is. Egy idő után már akadály nélkül

társalogtunk. Hogy ma még ő is képes lenne rá, nem vagyok biztos benne. (Az uralkodó román kultúrafelfogás kimondatlan szabálya szerint ugyanis egy jó románnak nem szabad magyarul megszólalnia. Azóta ő is belenőhetett a „fajtiszta" kultúrába.) Igaz, évekkel később, első osztályosként Köpecen már én is csak annyira emlékeztem, hogy *aici* și *acolo*.[12] (Pedig nekem a román nyelv voltaképpen csak akkor kezdett *kötelezővé* válni...)
A Székely Mikó Kollégiumban tapadt is rám a román, mint a ragacs, már a tankönyvekből is megtanultam románul. Társaim csak azokat a mondatokat magolták be, melyeket szerencsétlen romántanárnőnk kínjában aláhúzatott. A tankönyvekben! Legtöbbször azt sem értették, hogy miről beszélnek. Engem azonban érdekelt, mit kellene tudnom, akárcsak az akkor már tartalmas német tankönyvszövegek. (Lásd a kontinensek vándorlása, az élet keletkezése és egyebek.) Vagy korábban, az elemiben a francia példamondatok, melyeket kivételesen egy, az egyetemről egyenesen hozzánk kihelyezett – pedagógusnak sem utolsó – magyartanár tanított. Franciát csak azért, hogy úgymond kijöjjön a katedrája. De tényleg mindent megtett értünk. Igaz, alapismereteink alapos hiányában egyetlen év alatt belerokkant az erőfeszítésbe, végül az Ifjúmunkás című lapnál, majd Magyarországon kötött ki... A román tankönyv szövegei ezeknél a merőben pedagógiai célzatú mondatoknál messze értelmesebbek, román anyanyelvűeknek szánt, jobbára számomra is élvezhető szépirodalmi szövegek voltak.

Németül is szinte már a középiskola két éve alatt megtanulhattam. Ami érthető, hiszen némettanárom az épp divatba jött kérdő-kifejtő módszert próbálta ki rajtunk. Voltaképpen mesterien. De a módszer rajtam megbukott, hiszen mögöttem ott volt a Telcsről hazamenekített kolozsvári könyvtár, a negyvenes évek kolozsvári antikváriuma, melyet anyám szinte már minden fontosabb vonatkozásban felvásárolt. Nem csak a teljes népi irodalom, az Erdélyi Szépmíves Céh összes halinakötéses

---

12 „Itt és ott".

kiadványa (az „elvtársak" ezt, az egyik önkritikájából jöttem rá, kifogásolták is, de anyám ragaszkodott hozzájuk). S ott volt a világirodalom színe-java is. Nyaranta – kommunista magányomban – mit is tehettem volna, olvasgattam, és délutánonként futball-labdát kergettem. Ez utóbbi – a magyar válogatott világra szóló sikereinek háttere előtt – magától értetődő volt. Időm java részét azonban mégiscsak olvasással töltöttem. Így aztán szinte már magától „eltűnt" az osztály, és a tanár elvtárs (igazi úr volt!) bármiről próbálta tesztelni leendő tanítványait, a néma csendet végül mindig nekem kellett megtörnöm. Pedig Lajcsi bácsi – lelkiismeretes pedagógusként – a többieket is segítette volna szóhoz jutni. Sőt, egy idő után inkább csak őket. Sajnos, siralmas eredménnyel... (De csak a kérdő-kifejtő módszer csődölt be, átmenetileg, mert aztán a keze alatt minden németóra élménynek számított. És mindenki számára. Lassan már a kérdve-kifejtés is működőképesnek bizonyult. Több némettanár is került ki a keze alól.)

Ráadásul nálunk – mint említettem – reggeltől estig szólt a Kossuth Rádió. Ismertem Mozart és az az összes fontosabb zeneszerző műveit, bár a hallásom valahol a nulla közelében leledzett. Bemondtam őket. Mármint a németeket. Aztán jött a képzőművészet, Dürer és társai. Bátyám révén könyvtárunk tele volt képekkel és művészeti albumokkal. Szerzők és műalkotások hosszú sorát képes volt előhalászni az emlékezetem. A döbbenet (mármint a Lajcsi bácsié) azonban az irodalommal, főként a költészettel kezdődött. (Hiszen akkortájt még költő szerettem volna lenni.) A tanár úr az előzmények után magasról kezdte: Goethe, Heine, Schiller. Minden esetben verscímekkel is szolgálhattam. A felsorolást neki kellett leállítania... Ekkor már merészebb lépésre szánta el magát.

– És Walter von der Vogelweide? – kérdezte.

– Igen, őt is ismerem.

– És olvastál is tőle valamit?

– Többet is. Tőle is van olyan vers, melyet kívülről tudok.

– Mit beszélsz?

És én beszéltem:

A hársfaágak csendes árnyán,
Ahol kettőnknek ágya volt,
Ott láthatjátok
A gyeppárnán,
Hogy fű és virág meghajolt
Fölöttünk az ág bogán
Ejhajahujj!
Dalolt ám a csalogány...

A dolog itt már kínossá vált. „Szünetben várj meg!", döntött a tanár úr (számunkra „természetesen" továbbra is elvtárs), s az óra itt már a hagyományos vágányokra siklott.

Szünetben nem volt apelláta; „Fiam, te a németet fogod választani!" Megrémültem: „De tanár úr, én a franciákat sokkal jobban ismerem. Villontól Mallarméig... Azokat is inkább fordításban. De van, amit eredetiben is. Tudok is valamennyit franciául... Németül egy kukkot sem."

– Ebben én döntök. Te a németet fogod választani!

– Na de tanár elvtárs! A Nagy Francia Forradalom!

– Azt majd történelemből – hangzott a válasz.

Rácz tanár úr igazán meggyőző személyiség volt. Ma úgy mondanám, tetőtől talpig úri ember. És nem csak ezért nem lehetett ellenkezni vele! Műveltsége és németes precizitása valóban lenyűgöző volt.

Tényleg megtanított németül. Két szűk év alatt egészen tisztességesen. Idegen nyelv gyanánt. Bár később kiderült, hogy Romániában még nem egészen volt az. Sőt, sikerült lelkes német-rajongóvá nevelnie. Miközben megfelelő tapintattal a franciák, az angolok, a spanyolok – főként Shakespeare és Calderón iránti – rokonszenvet sem rombolta bennem. Az esztétikailag bonyolultabb Rimbaud-t is tőle ismertem meg a valóban mélyebb megértésig.

Minden hét csütörtök délutánján vendége voltam. A szó szoros értelmében. Együtt ittuk a feketekávét és ettük a mézes pogácsát. Magától értetődőnek tűnt. Olyannyira, hogy a hála fogalmát sem ismertem. Újságíróként - már az egyetem után - halálos ágyán abban hitben próbálok törleszteni adósságomból, hogy felolvasom neki a másnapi lapba szánt, szeretettől ömlengő búcsúcikkemet, voltaképpen a nekrológját. Fogalmam nem volt róla, hogy tőlem tudja meg: menthetetlen. De ő vette a lapot. Harmadnapra meg is halt. S én - a barom - csak akkor jöttem rá, hogy mit követtem el. Hosszú-hosszú évekig, néha még ma is, ezt a jelenetet álmodtatta velem az időközben némileg magához tért tisztességérzetem... Pedig azt is neki köszönhettem, hogy már a gimnáziumban Shakespeare-tanulmányokat is írtam. És verseket fordítottam németből és oroszból. Néhány a *Korunkban* is megjelent, Kántor Lajos[13] jóvoltából, aki egy alkalommal Sepsiszentgyörgyre is ellátogatott.

20.

A felvételin tehát nem is lett volna kérdés, hogy mit válasszak. De amint már említettem, azzá vált. Úgy éreztem, a németekkel mégsem vehetem fel a versenyt. A nyelvtan még nagyon jól ment volna, de a kiejtésemet pocséknak éreztem, s Rácz tanár úron kívül csupán a brassói utcán váltottam néhány szót echt németekkel, meg egyik nyáron (az időközben Brassóba költözött) Blanka férjével és a szomszédban lakó kisfiúval. (Blanka végül szász férjével Németországba települt).

A román-magyaron, ahol vetélytársaim zöme ráadásul többségében románok által lakott vidékekről származó magyar volt, elsőnek sikerült a felvételim. Pedig nem akárki volt a második. Takács Feri épp abban az évben szabadult a börtönből, ahol meglehetősen intenzív román „oktatásban" is része lehetett. (Az egyetem után szülőföldjén tanított, majd zsidó feleségével Izraelbe emigrált, ahonnan végül Magyarországon telepedett meg.) Évekkel volt idősebb nálam, de az első pillanattól összebarátkoztunk. Őt a börtönben élvonalbeli magyar értelmiségiekkel

---

13 A folyóirat akkori főszerkesztője

is összezárták. Legtöbbször Lakó Elemért és Varró Jánost emlegette, de Páskándi Géza is gyakran szerepelt a történeteiben. Bár ők talán nem is ültek együtt, legalábbis huzamosan. Az engem is bántott, hogy a Gaál Gábor irodalmi kör Páskándi-vitáján (*Weisskpof úr, hány óra?*), ahová nagyon elvártam volna, nem jelent meg. (Személyemben is sértett, hiszen én voltam az egyetemisták részéről a kör elnöke. Ráadásul Páskándinak meg is üzentem, hogy ő is ott lesz.) Ferit az 1956-ot követő nagyváradi megtorlások során ítélték hosszas börtönbüntetésre. Aztán „Ceaușescu jóvoltából" négy év után sokakkal együtt mégis szabadlábra került. Az enyéimmel ellentétes vagy azoktól eltérő nézetek mindig felajzottak. Imádtunk vitatkozni. Ráadásul az ő történetei nyomán egy olyan világ tárult fel előttem, melyről voltak sejtéseim, de konkrét ismeretem semmi. Minden szavát ittam, mint nedvet a szivacs.

21.

A hazai kommunizmus rémtetteiről eladdig legfeljebb annyit tudtam, hogy édesapámat középiskolás koromban (én akkor nem voltam otthon) három napra letartóztatták és Brassóba vitték. Az Állambiztonságra (amit akkor Szekuként emlegettünk). Addig kellett arccal a falnak állnia, amíg össze nem esett. Ő akkor már 60. éve körül járt. Miután hazaengedték, hónapokig járni is alig tudott. „Szarrá gyötörték a térdemet!" – panaszolta a maga proletárból avanzsált „úri" modorában. Én is a térde láttán szereztem tudomást az esetről. Még a nyári vakációban is sántikált kissé. Ezen túl nem is esett szó róla. Kezdtem megtanulni, hogy vannak dolgok, melyeket nem tanácsos feszegetni. Anyámék meg nem siettek a magyarázattal. Nyilván számukra is kínos lehetett. (Ekkor már valóban megfordult fejelemben a „Több dolgok vannak földön és egen...") Öcsém, aki akkor még otthon járta az elemit, s különben sok mindennek szem- és fültanúja lehetett, hosszú évekkel később egy sepsiszentgyörgyi sörös látogatáson mesélte el a történetet.

Apámat a pártnak kijáró adakozás nyomán fennmaradt Napóleon-aranyak (ismertebb nevükön a Lajos-aranyak) miatt tartóztatták le. Ki tudja, hányadszor immár. Mikor itt, mikor ott. Már „Horthy-pribékjei" is egy a Pártnak juttatott, 1000 pengős összeg miatt helyezték több hónapos vizsgálati fogságba. Közben azonban Blanka révén „szép lassacskán" egy egész vagyont menekített haza Köpecre. Voltaképpen Dénes bácsihoz... (Ez volt a legkevésbé feltűnő.) Rosenthal-porcelánokat, ezüst edényeket, és főként Napóleon-aranyakat. Rosszabb időkre, hisz' akkortájt még semmit nem lehetett tudni, s Gézát, ha bezárják vagy kivégzik őket (a kommunizmus diadaláig) Nelli nénéméknek kellett volna valamiből eltartaniuk.

Öcsém, Boti elmesélése nyomán (mely annyira fantasztikusnak hatott, hogy nem is igen hittünk benne, hiszen imádott nagyokat mondani) ismét Dénes bácsihoz kellett fordulnom.

„Mikor nagyanyád tisztaszobájába szorultatok, s anyád titkárnő lett a köpeci iskolában majd a baróti Líceumban, apád pedig csillés a Bányavállalatnál, esélyetek sem volt arra, hogy valaha is tisztességes házat építsetek. Apád akkor rámolta volna elő a Napóleon-aranyakat. Már az elsőnél lebukott, hiszen akkortájt aranyat tilos volt „magántulajdonban" tartani. Ezt persze apád is tudta, de a brassói kommunista ékszerésszel, Álmossal gyerekkora óta baráti viszonyban voltak. Csak azt nem tudta, hogy Álmost már akkor lehallgatták, s a *Napóleon* szó hallatán pánikba esett.

Apám, szegény – konspirációs gyakorlat ide vagy oda –, nem is gyanakodott. Igaz, ideje sem nagyon lett volna rá. Másnap reggel már megjelent a fekete Volga. „Hol van a többi?" Nem is kellett már mondaniuk, hogy micsoda, apámnak – ragyogó kártyajátékos és sakkozó volt – mindig vágott az esze, mint a beretva. Határozottan állította, hogy ez az egyetlenegy volt, ez is a pártnak annak idején átadott, *legálisan* megkeresett összegből maradt vissza. A házkutatás, amibe (akkor még nagyanyámnál laktunk) a csűr, a disznópajta, a trágyadomb és egyebek is beletartoztak, eredménytelen maradt. Apám roggyant házát, meg a csűrt is feldúlták. De ezek már nem egészen „Horthy pribékjei" voltak. Csak legyintettek. Apámat magukkal vitték Brassóba. Majd csak kiderül... Az állást és térdeinek összecsuklását kibírta valahogy, de a verést, bár abban is jócskán volt tapasztalata, ismét nem. (Igaz, ezt már anyám sem hányta fel neki soha.) Másnap – roggyant inakkal – már vallott.

„Én – emlékezett Dénes bácsi – észhez sem térhettem, amikor reánk rontottak. A porcelánokkal nem sokat vacakoltak. Kutakodás közben ugyanis felborult a zsúfolt üveges szekrény, melybe Nelli kidekázva rakosgatta be a kincseket, a bútordarab törékeny lábait csak a Szentlélek tartotta. Azzal a kommunista lelkesedéssel, mellyel ezek ott kajtattak, természetesen a Szentháromság sem bírhatott, s minden ripityára törött. Az sem volt ugyan a miénk, de nénédnek az a porcelán százszor jobban fájt, mint az a néhány érme.

Az aranyakat ugyanis fél napon belül, a padlás felső padlata és a mennyezeti vakolat között egytől egyig megtalálták. Ezen túl nem is zargattak bennünket. Sem apádat, sem engem. Türelmesen, egy üveg szilvapálinka mellett el is magyarázták nekünk: az arany eredetileg is a Párté lett volna. Apád kereste ugyan meg, de amikor nem adta le, »kötelességszegést« követett el, hiszen a párt juttatta a telcsi vegyeskereskedés birtokába. Eredetileg az is egy zsidóé volt. (Még ahhoz is volt képük, hogy hozzátegyék: »De az – azaz a zsidó is – meg van bocsátva...«) Ennyi... Apád, ahogy helyrejött a lába, maga javította ki nekem a szétvert padlást.

Az ilyen dolgokban tényleg korrekt tudott lenni."

22.

Végül maga a ház is felépült. Telcsre soha nem jutottam el, de a kert elrendezésén, a különleges rózsafajtákon, a faragott kövekből formált bejárati ösvényt övező virágágyásokon, a fiatal gyümölcsfákon, málna- és ribizlibokrokon is átderengett az egykori (Köpecen még mindig egyedülállónak számító) telcsi paradicsom. (Melyet voltaképpen a nagy hírű kolozsvári Botanikuskert ihletett.) A házkölcsönt (20 000 lejt, ami akkor közvetlenül a pénzbeváltás után hatalmas összeg volt) természetesen már a kollektíva könyvelőjeként vette fel... Az utolsó részletet (jó 20 évvel később) halála évében kellett kifizetnünk. Igaz, azt már anyám illegalista nyugdíjából. Az ő illegalitását ugyanis Ceaușescu kezdő éveinek – átmenetileg kissé „emberségesebb" – hatalma már kegyeskedett elismerni. Az egykori csűr – a leendő kőház masszív váza – a telek közepére esett. Az utcai frontra épült jó kétszáz éves, szűk és már javarészt korhadt és romos épületet le kellett dönteni. A csűrt már semmi nem takarta el. Ez is újdonságnak számított. A ház elejét, az udvart ugyanis ekként már virágoskert csinosíthatta. Maga a ház – bár belsőleg egészen soha nem készült el, a fiatalkoromban is jómódú polgári épületnek tetszett. Jobboldalt két egymásba nyíló szoba lett volna. Középen a tágas nappali, jobbra a még Rákosról hazakerült, hatalmas könyvespolc, balra a gyönyörű biedermeier ruhásszekrényekkel. A padlót szinte faltól falig Windischgrätz-perzsaszőnyegek fedték. (Még a reménybéli kommunizmusból...) Szemben a falat csaknem teljesen betöltő, kettős ablakszárny. Középen egy kétszemélyes ágynak is használható heverő, előtte közepes méretű dohányzóasztal, gyönyörű nádfonatbetétes székekkel. A két, egymásba nyíló üveges ajtó belső verandára nyílott, melyen szintén volt egy méretes ebédlőasztal székekkel. A fedett veranda bal oldalán volt az elkészült és bebútorozott, de csak „nyárinak" használt konyha. Tágas kamrával és fürdőszobával. Az utóbbiban már a kád is megvolt, a nálunk bányászott lignittel fűthető, de be már soha nem indított kazánnal. Onnan a kertre nyílt az ajtó, de azt ritkán használtuk, inkább elölről, a ház jobb alsó sarkánál nyíló aluljárón át az egyszemélyes – valójában csak raktárnak használt – „tehénistálló" (mit lehetett tudni...) és a többszemélyes disznóól mellett jutottunk hátra a kertbe, s onnan a patakra. A baloldali szuterén volt a pince, ahová egy lappancsos, szőnyeggel takart (meglehetősen kényelmetlen) lejáraton át lehetett lejutni.

Koncepciójában az egész építmény a telcsi, majd egyfajta „miniatürizált" változatban az alsórákosi palota nosztalgiái nyomán az egykori kényelmet és jólétet próbálta reprodukálni. Sikerrel. Az alsórákosi kiebrudaltatás nyomán – egyfajta „kárpótlásként" – még a maradék magánvagyon nagy részét is hazahozhatták Köpecre. Bútorokat, egy-két ezüstholmit, égőharisnyás gázlámpákat, telepes rádiókat például. Még öcsémmel is Windischgräz perzsaszőnyegeken birkóztunk. A kivitelezés a vízvezeték-hálózat kiépítése táján akadhatott el. A kút már elkészült. Nyilvánvalóan egy elektromos szivattyú számára, de a vízvezetékekre már nem jutott pénz. A kollektív gazdaság mind nyilvánvalóbban korrupt vezetősége által ráerőltetett szabálytalanságok nyomán apám már félt, hogy ismét „lebukik". A bányaigazgató, egy nagytestű, arrogáns parvenü „jóindulatából", melyet (ezt már én is tudtam) szép summával kellett honorálni, a bányavállat restijében kapott állást. (Az utóbbit az Ida nénitől való eltávolodás jeleként édesanyám is méltányolta.) Apámból pedig már korábban kihalt az ambíció, hogy a méltán ingerült, de a maga módján még mindig imádott feleségét tovább kényeztesse.

23.

A kert sarkában kristálytiszta hegyi patak folydogált.

Tele volt közepes nagyságú halakkal, gyakorta kézzel halásztuk őket. A néhol méternyi, a másutt félméternyi vízben. Dénes bácsival gyakorta üldögéltünk a partján, s elbeszélései nyomán – mintegy szimbolikusan – a múlt is kezdett megvilágosodni.

Akkor már tudtam, hogy Dénes bácsi a két világháború közt úgynevezett „hangyás", azaz a *Hangya Szövetkezeti Együttműködés* egyik helyi vezetője, később – a mozgalom kommunista vezetés alá rendeléséig és végül feloszlatásáig – a *Magyar Népi Szövetség* elnöke is volt. (Az átmeneti csendőrparancsnokságért anyám jóvoltából egyfajta felmentést nyert.) Az egykori tekintélye később is súlyt adott a szavainak.

„Valóban szinte már egyik napról a másikra kerültetek haza. Apád a párt gazdasági osztályának a főnöke volt. Ez még a koalíciós időkben történt. A hatalomátvételhez égetően kellett a pénz. Azt pedig apádnak kellett előkeríteni. Telcs előtt - még román börtönökből szabadulva - mindketten az itteni *Hangya* szövetkezetnél dolgoztak elárusítóként. Apád azonban Telcsen vált igazi szakértővé. Mestere volt a szabadversenynek, ahogy a Szabad Európában nevezik. Ott azonban - mármint a párt gazdasági osztályán - a szó szoros értelmében rabolni kellett."

Azt már ismét Blanka mesélte, hogy apám napi kötelessége volt járni a kisiparosokat, a parasztgazdákat, a kő- és mészbánya tulajdonosokat, erdőbirtokosokat. „Hogy szabályosan zsarolja őket. Minél többet szerzett, a tartománynál annál többet követeltek tőle. Esténként szinte már reszketett a dühtől, a fáradtságtól és az elkeseredéstől. Anyádnak szakadt meg a szíve, mikor meglátta. „Erről álmodoztunk, ezért verettük félholtra magunkat! - fakadt ki apád. - Ha Sztálin ezt tudná..." „Tudja" - legyintett rá anyád olyan gesztussal, melyet legkevésbé tőle várt volna el az ember.

Apám még a kártyás affért követően vaskos önbírálatokban próbálta tisztázni magát. (Annak akkor szintén divatja volt). Az irományok utolsó mondatában sűrű bocsánatkérések közepette biztosította „bíráit" (az úgynevezett piszkozatok némelyikére a családi hagyatékban nemrégen akadtam rá), hogy ő továbbra is hithű kommunista. A végeredményből ítélve: teljesen hiába. Még anyám párttagságát is felfüggesztették. Természetesen ő is önbírált. A végeredményből ítélve ő mégsem teljesen eredménytelenül.

„Közben Rákos rajon is megszűnt. Ez egyszerűsített a helyzeten. Hazaszorultak Köpecre. Anyád itt ismét iskolai titkárnő lett. Aztán - korábbi érdemeire és az elvtársak által is igazolt megbánására való tekintettel - visszavették a pártba is. Apádat azonban soha nem tagadta meg."

24.

Éveken át néptanácselnök volt. Bizonnyal egyike a „leglelkiismeretesebbeknek" (egyébként talán idézőjel nélkül is). Marosvásárhelyre járt az eligazításokra (később fejtágítóknak nevezték őket), s mindannyiszor székelyruhás babákat, szórakoztató székely játékokat, nyíltáskákat, gerelyeket, céltáblákat pakolt elénk. (Nagyjából erre korlátozódott a székelység történetét és jelenét érintő neveltetésünk.) Ha ezen túllép, az már nacionalizmusnak számított volna. A kommunizmusról szóló gyerekmesékre is mind ritkábban volt ideje. Lassanként kamaszodtam, de a halinakötésű könyveket soha nem ajánlotta a figyelmembe. Pedig azokat egykor ő vásárolta össze, és végig is olvasta őket. Ha később – immár egyetemistaként – Kós Károlyról, Tamásiról, Dsidáról, Áprilyról, Molterről vagy Méliuszról kérdeztem, mindig naprakész válaszokkal szolgált. De ő soha nem kezdeményezett. Igaz, már a szovjet szerzőket sem emlegette. Azokat az iskola könyvtárából kölcsönöztem. Semmit nem akart „rám kényszeríteni". Hogy mit kezdek a könyvtárral (abban – a *Csendes Don* kivételével – szovjetek már tényleg nem szerepeltek), az én dolgomnak tekintette. Voznyeszenszkijt és Ajtmatovot is csak középiskolás koromban ismertem meg. Önszorgalomból kaptam rájuk. Ahogyan később Villonra, Goethére, Verlaine-re is. Mindennapi olvasmányaimmá váltak. A mixből a „szovjetek" fokozatosan kihulltak. Egy-két kivétellel csak az oroszok maradtak meg. Eluralkodott rajtam a világirodalom. Jómagam fedeztem fel az internacionalizmust is, melyről később aztán kiderült, hogy nem teljesen „ugyanaz". (Közben megszűnt a Magyar Autonóm Tartomány is.)

Anyám a „központi" utasításokat – legalábbis kezdetben – zokszó nélkül, de később is körültekintően teljesítette. Ezt méltányolták is. (Nemcsak az elvtársak, a falubeliek is.) Ráakadtam egy aprócska „*A békeharcért*" feliratú, elrongyolódott kitüntetésre. Kellett is valaki, aki a falu szemében lehetőleg elfogadhatóan kollektivizál.

Mi, gyerekek a továbbiakban nem sok jelét tapasztaltuk szüleink kegyvesztésének. Amit az elvtársak nem voltak hajlandóak elhinni, a falu nagyobbik része elhitte. Apámat továbbra is „hithű kommunistának" tekintették, de ennek ellenére a többség jól érzékelhető rokonszenvvel viszonyult hozzá. Anyám sem hozta szóba a történteket. Csak a számukra igazán sértőkre utalgatott időnként. A rákosi „ítélőtáblán" ugyanis a Nagy Kolozsvári Per eseményeit is „felemlegették". Az imára kulcsolt kezekről már esett szó. Amiből csupán a látszat volt igaz. Ő természetesen már soha nem imádkozott. (Más kérdés, hogy halála előtt – a gyerekkorba visszaroskadtan – már zsoltárokat énekeltetett a feleségemmel...) Apámat is hamisan vádolták azzal, hogy augusztus 23-án fekete öltönyben és nyakkendővel jelent meg az ünnepi ülésen. Ez már csak azért is hazugság volt, mert nyakkendőt még Telcsen (az úri társaságban) sem viselt soha. Ennek ellenére a plénum evidenciaként fogadta el a vádat, miszerint Erdélyt gyászolta. (Ekkortájt az erdélyi értelmiség javarésze, zömmel baloldaliak – Balogh Edgártól Méliuszig – „ideiglenesen" börtönben ült. Nacionalizmus vádjával. Ők például mindketten 7 esztendeig.) Apám az *„Önkritikában"* a gyászruhás vád ellen is védekezett. Mindhiába.

Az önkritika (az anyámé is, melyet feltehetően apám fordított „besszarábra") szintén románul íródik. Hogy anyám miért nem tudott románul, ez számomra ma is rejtély, hiszen a *Református Kereskedelmi Főgimnázium* utolsó éves diákjaként fiatalabb éveit nagyrészt magyarul is tudó szász és román diákok közt töltötte el. (Mellesleg németül sem hallottam tőle egy szót sem...) A nagycsaládi hagyomány szerint egyszer hazaállított egy román fiatalemberrel, akibe fülig szerelmes volt, s akit nagyapám ugyan kedvesen fogadott, de minekutána a fiatalok megvallották, hogy a magyarul hibátlanul beszélő udvarló (mindez még 1925 táján történt) román, annak távozása után ellentmondást nem tűrő hangon kijelentette: „Ennek nem leszel a felesége!" „Miért?" – döbbent meg anyám. A válasz ugyanolyan kurta volt: „Nem látod, mit művelnek velünk? Téged is csőbe húznak..." Anyámnak nem volt mit válaszolnia, hiszen tudta, hogy az unokaöccsét egy ideje már a köpeci magyar iskolában is román tanító tanította. Az ABC-vel kezdődően kizárólag románul. Édesanyám napokig sírt, aztán két esztendő múltán apámhoz ment feleségül. Abból sem lett kisebb botrány, de abban anyám már nem engedett. Igaz, később, a halála előtt feleségemnek – aki ápolta – önkívületi állapotaiban egy román férfinevet is gyakorta emlegetett.

Az, hogy soha nem hallottam románul beszélni, azért is különös, mert korábban hosszú éveken át élt románok közt, mikor civilben, mikor rabruhában. A jelek szerint immár jobbára némán. Még a rcmán rádiót sem kapcsolta be soha. Apám rendszeresen.

25.

„Tudnod kell – olvasom Tófalvi egy újabb küldeményében –, hogy azt a névtelen levelet, amellyel a szeku zsarolta, maga a Szekuritáté postázta Géza számára. Az Irodalmi Újság 1956. november 2-i számában jelent meg Illyés Gyula *Egy mondat a zsarnokságról* c. verse.

Azt küldték el! Nem csak bátyádnak, hanem másoknak is! Páll Lajost azzal vádolták, hogy az Irodalmi Újság említett számát és Illyés Gyula versét is terjesztette. A posta a leghűségesebb kiszolgálója volt a szekunak. Levéltitok sérthetetlensége!? Külön irodalma van annak, hogy miként sértették meg."

Igaz, minálunk a románokról egy rossz szó el nem hangozhatott. A kapitalistákat lehetett, sőt kötelező volt gyalázni. A mi – szinte már polgári – lakásunkban.

26.

Egyetemista koromban kezdtem ráébredni, hogy szüleimet a pártparancsra kötött házasság – a boldogság évei után – nem közelebb hozta, hanem fokozatosan eltávolította egymástól, bár a pártfegyelem és természetes intelligenciájuk mindvégig

meggátolta őket abban, hogy a mélyben lappangó feszültségeik
nyílt konfliktusokká lobbanjanak. Én ma is csupán harmonikus
házasságra emlékszem.

Sajnos volt egy katasztrófa is.

Életem egyik legkeservesebb napja, amikor még az elemiben – az iskolából hazaérkezve – ott találtam édesanyámat a vasalódeszka előtt. Akkor – már betegnyugdíjasként – igazgatta az ingnyakat és ömlöttek a könnyei.

Rám nézett és közölte, hogy „el fogunk költözni *innen*."
– Hova? – kérdeztem szívembe markoló félelemmel.
– Nagyanyádhoz!
– De miért?
– Apád miatt.
– Ő nem jön velünk?
– Velem nem. Elválunk.
– De miért?

A választ ismét Dénes bácsi adta meg: „Apád összeállt Ida nénivel."

Persze voltak már előzmények. Apám egy ideje ismét eltünedezett. Kártyázni. A munkaidő után Ida néninél gyűlt össze a garnitúra. Néha szinte egy héten át verték a blattot. Édesanyám akkor még szótlanul szorongott. Hitt neki. A nyomozás méltóságán aluli lett volna. De a rokonságból valaki elhozhatta a faluszerte ismert hírt: a kártyapartik nem mindig tartanak reggelig. A partnereknek esténként haza kellett somfordálniuk, mert megjelentek a türelmetlenebb feleségek.

Édesapám azonban maradt.

S nyilván Ida nénivel töltötte az éjszakákat is. A jól öltözött, de formátlan (a faluban tehénnek becézett) dáma, aki Budapestről is magával hozta a nyugatiasabb intimitás kifinomultabb – a köpeci prüdériától feltehetően radikálisan különböző – szokásrendjét, valamiként a telcsi társaság „rafináltabb szokásrendjére" emlékeztethette apámat.

A pártutasítás őt ugyanis paradox módon igazi dzsentrivé formálta. Az alkalmazkodási kényszer hozzátartozott a konspiráció etikettjéhez. (Ráadásul az új életforma illett is az alkatához.

Bizonyos értelemben – vélte Blanka – beleszületett.) Anyám viszont a kommunizmus áthatolhatatlan burkában rekedt. Ez pedig nem járhatott következmények nélkül.

27.

Édesanyám bejelentését követően elvonultam a szobánkba, estig sírtam. Akkor már sejtettem, hogy apámnak még az alsórákosi válságos időkből van egy nálam alig kisebb fia, egy cigánygyerek is. Már Köpecen éltünk. Apámnak Brassóban voltak elintézendő ügyei. Engem is magával vitt. Nem mondta, miért, de hamar kiderült. Apácán (Apáczai Csere János falujában) ugyanis leszálltunk a vonatról, s valahol a falu középpontjában egy hosszú, teraszos, emeletes bérház egyik ajtaján kopogtattunk be. Egy szép, fiatal cigánylány nyitott ajtót. Apámmal összeölelkeztek, majd megjelent egy kisfiú, aki szemmel láthatóan már ismerte apámat, s akit testvéremként mutattak be. A helyzet annyira valószínűtlen és érthetetlen volt számomra, hogy csak évek múltán ébredtem rá, hogy tényleg féltestvéremről, nem pedig valamiféle kommunizmusban fogant cigány-magyar *testvériségről* lehetett szó. Édesanyámnak nem szóltam egy szót sem. Voltaképpen nem is lett volna miről; nem értettem az egészből semmit.

Gyakorlati dolgokban (a korábbiakból is kiderülhetett) már akkor sem voltam zseni.

Apám pedig nem kommentált. Megbízott a memóriámban – kötelességtudó ember lévén –, szándékai lehettek az emlékeimmel. Én meg nem kérdezősködtem. Jobban érdekeltek az elméleti, mint a gyakorlati kérdések. Maga a jelenet is csak anyám bejelentése után jutott ismét eszembe. Belém döbbent a felismerés: nem Ida néni volt az első. Akkorra már én is ivaréretté váltam (lásd Lajcsi barátom apjának áradozását a forró pináról!). Fúrta is az oldalamat, ki lehet az a kisfiú. Egy cigány rokon a mi családunkban valóban nem számított volna botránynak. Sőt, később, amikor Sepsiszentgyörgyön élő bátyámnak, Gézának is lett – a négy közül – egy cigány felesége is, azt valóban a kommunista

nemzetköziség igaz jelének tekintettük. (Mellesleg a négy közül
ő volt a legrokonszenvesebb.) De a rejtélynek nem járhattam
utána. Igaz, már egyetemista koromban egyszer én is megszakítottam utamat az apácai állomáson, hogy valóban tisztába
jöhessek a helyzettel.

Meg is találtam az épületet, az ajtóban már nem voltam
biztos. Végigkopogtattam a lakásokat. Volt is, aki emlékezett
rá, hogy lakott ott egy szép cigánylány, akinek volt egy kisfia, s
akinek iskolai éveiben egy pártember küldözött havonta pénzes borítékokat. A lány a helyiek szavajárásával házicigány volt.
Tiszta és tisztességes... Később aztán férjhez is ment, s elköltöztek Brassóba. Azt azonban már nem tudták, hogy kivel. Tettem
még néhány tétova kísérletet, hogy kiderítsem az igazságot, de
sikertelenül.

28.

Édesanyám összeomlásának másnapján még mindig kétségbeesetten ébredtem. Mi fog történni? De mintha mi sem történt
volna. Délben tudtam meg, hogy apám otthagyta a kollektív
gazdaságot, és a Bányavállalat restijében vállalt állást. Azt már
csak nyugdíj előtt hagyta ott, néhány évig szanitécként (köpeci
fogalmakban *gyepmesterként*) is dolgozott. Anyám elutasította
apám gyöngédebb gesztusait: „puszik", meg egyebek, de továbbra is békében éltek egymás mellett. Hivatásszerűen: *„értelmes
emberek gyanánt"*.

Fontosabbnak bizonyult a család, mint apám kicsapongásai.
Apám – Ida néni helyett – a továbbiakban nem kártyázni járt,
hanem kuglizni. A bányavállalatnak az akkori körülményekhez
mérten tökéletesen megépített, korszerű kuglipályája volt. Ott
is pénzbe ment a játszma, és apám szokása szerint ott is folyton
nyert, akárcsak a kártyában. A pénzt persze haza is hozta. (Az
ivást soha nem vitte túlzásba...)

Sokszor én is órákat töltöttem el a versengés szemlélésével.
Apámat élvezet volt nézni. Ebben is káprázatosan pontos volt.

Nekem, bár már kamaszodtam, tehetségem sajnos a kuglihoz sem volt.

Édesanyám többé nem gyanakodott, élte a maga „boldogságos" életét. A családban szinte már fel is építette a kommunizmust. Mindenkitől a képességei, mindenkinek az igényei szerint. Az ő igényei akkortájt már csupán eszmeiek voltak. Ahogyan kislányként a Megváltó eljövetelét, akkor már a kommunizmus végső és *igazi* győzelmét várta. Nem kevésbé lelkesen. (A második jelzőt, az „igazit" soha nem felejtette el kiemelni.) A győzelem Hruscsov hatalomra jutásával szerinte valóban küszöbön is állt. Tudtuk, közeleg az az idő is, amikor utolérjük az Amerikai Egyesült Államokat.

Aggodalomra tehát nem volt semmi ok. A családi békét sokan megirigyelhették volna. Mi, gyerekek is a Paradicsomban érezhettük magunkat. Kifogástalan „demokráciában" éltünk, kényelmetlen szabályok nélkül. Természetesen tanulgattunk is. Azon felül pedig olvastunk, kertészkedtünk, futballoztunk. Gombászni jártunk, vagy a juhokhoz az erdőre kukercáért[14] (a feleségem ma már zsendicének mondaná), sajtért, eperért, mogyoróért. Legalábbis nyaranta. Télen a domboldal volt az életterünk. A szánkó, a sítalp meg a korcsolya. Ebédre és vacsorára hazahozott a gyomrunk.

Egyebekben igazodtunk a nap állásához.

Édesanyámnak soha nem kellett késések miatt korholnia bennünket. S ha néha késtünk is, hozzánk igazodott a házirend. Pedig nekem a feleségem szerint – legalábbis ismeretségünk kezdetén, s még jó ideig – véremben volt a pontatlanság. Akkor, magam sem tudom, hogyan lehetett másként. Vagy a társaság tagjai, Laji, a legjobb barátom és Boti, az öcsém lehettek pontosak? Ezt már nem tudom eldönteni. Tökéletessé persze később sem váltam soha. De a feleségem ma már elég jól viseli.

Akárcsak édesanyám viselte már apámat, aki szintén beletörődött a férji fegyelembe.

---

14 Egy sajátosan érlelt túrófajta, a juhtej még forratlan első savója.

De mindezt senki, érzésem szerint apám sem érezte valamiféle kényszernek. Természetesnek vettük. Elvégre demokrácia van. (Ezt apám néha tételesen hangoztatta. S minálunk bizonyos értelemben volt is.)

29.

Mondanom sem kell, hogy akár a szüleim, sokáig én is az eszme rendületlen híve maradtam. Igaz, a saját elveim szerint elgondolt marxizmust mindig igyekeztem megkülönböztetni a kommunizmustól. Az nyilvánvaló volt számomra, hogy a *maradéktalan egyenlőségen alapuló* versenygazdaság (a jelzőt már akkor nehezemre esett értelmezni) magasabb rendű a kapitalizmusnál, a versenyt kiiktató kommunizmusról nem is beszélve. A szó tulajdonképpeni értelmében vett verseny ugyanis csak azonos versenyfeltételek közt válhat méltányossá. A *Tőke* aggyötrő fejtegetései nyomán filológusként is ismét beleástam magam a közgazdaságtanba. A nyugati versenygazdaság csakis a gazdagok számára lehet kedvező. Lényege a másikon való felülkerekedés, a profitmaximalizáció. Ami egymástól mindinkább távolodó gazdagokat és szegényeket, azaz öngerjesztő folyamatokat, s végül is világszintű összeomlást „eredményezhet".

De az is nyilvánvaló volt számomra, hogy verseny nélkül gazdaság sem lehetséges. Hiszen a verseny bizonyos vonatkozásait semmiféle gazdaság nem nélkülözheti. A bányászoktól tudtam, a szocialista sem nélkülözhette. A piac mint az egészséges gazdaság alapegysége, csupán az áruk versenyén, azaz árakon alapulhat. Azt is fel kellett ismernem (akkor kezdett foglalkoztatni a természetfilozófia is), hogy a természet logikája sem valamiféle merev rend, hanem a dinamikus, folyton változó komponensekre alapozott, mindent átfogó egyensúly.

A társadalmi egyenlőség kommunisztikus értelmezése tehát abszurdum. Ahogyan az egyenlőtlenségek kiaknázására alapozott kapitalizmus is. A gazdasági világválságoknak, ahogyan

azt az orosz Kondratyev is vélte, ciklikusan ismétlődniük kell.
A végnélküli evolúció önellentmondás.

A kérdés, hogy van-e egyáltalán kiút? Értelmes és egyértelmű válasz szerintem ma sincsen. Ez a nincs azonban nem azt jelenti, hogy megoldás sincsen. A vagyvagy szintén abszurdum. Csakhogy a vagy-vagynak van értelmes ellentéte, az is-is.

Úgy tűnt, értelmes világ csak akkor alakítható ki, ha a két abszurdumot közelítve valamiféle – folytonosan az egyensúlyi állapot körül ingadozó – középútra törekszünk. Ez akkor érhető el, ha a keretfeltételek méltányosabbá tételével – nyilván óvatosan – beleavatkozunk a gazdasági-társadalmi folyamatokba. (Ezt már a nyugati baloldaliak, például Jean-Paul Sartre vagy Ralf Dahrendorf és mások is, akikhez az Egyetemi Könyvtár különszobájában – román-magyarosként – akkortájt már hozzáférhettem, hasonlóképpen vélték.) A versenyelőnyből fakadó jövedelmek jelentős részét a versenyhátrány mérséklésére használjuk fel. S ezzel úgy tűnt, felfedeztem valamiféle – mások szemében bizonnyal spanyolviasznak tűnő – alapigazságot. De rögtön gyanakodni is kezdtem magamra. A dolog legalább olyan utópisztikusnak tűnhet, mint a kommunizmus és a kapitalizmus maga.

30.

A kommunizmus román változata (akkor már az is volt) a szomszédokénál is borzasztóbbnak hatott. Elsőéves lehettem, amikor az egyetemistákat a szó szoros értelmében összecsődítették az Egyetemiek Házába, ahol Daicoviciu akadémikus (a Babeș-Bolyai akkori rektora) adott elő az ún. dáko-román elméletről. Nemigen volt olyan óránk – nekünk, román-magyarosoknak különösen –, melyen ne ennek a kérdésnek a józan ésszel gyakorta félreérthetetlenül inkoherens érveivel tömték volna az agyunkat. Elmentem. Érdemes volt. (Ferinek más dolga akadt. Annyian voltunk, hogy ellenőrizhetetlen volt kideríteni, ki van jelen és ki hiányzik. S ő már nálam pontosabban tudta, mi fog következni.)

Indításul a jeles akadémikus kivetített (a filmszínházként is működtett) nagyterem vetítővásznára egy hatalmas sasmadarat. A megszokott térképészeti pozícióból elforgatva, Románia térképe némi fantáziával valóban sasmadárhoz is hasonlíthatott. Dobrudzsa volt a fej, Máramaros a farok, Erdély és Havasalföld a testet takaró szárnyak. Kollégáim arcán a mosoly árnyékát sem érzékeltem. Bár nem volt nehéz észrevenni, hogy a helyzet a minket, román-magyarosokat is ismerő, intelligensebb kollégák számára kissé kényelmetlen lehetett. (Legalábbis néhányuknak.) Kezdetben nem is nagyon csodálkoztam rajta, hiszen a sasmadár és a – mindkét világháborúban főként a szövetségeseknek, '19-ben a franciáknak és az angolszászoknak, '45 után főként a szovjeteknek köszönhetően – „győzedelmes" haza közti hasonlóságot (a sasmadarat) nem volt egyszerű realizálni. Nekem nemigen sikerült. Román kollégáim azonban szemmel láthatóan felülkerekedtek az esetleges nehézségeken.

Később Ady Endre és Octavian Goga híres 1914-es vitájának tanulmányozása során jöttem rá, hogy a metafora nem merőben Daicoviciu invenciója volt. Eredetileg nyilván a magyar turulmadár mintájára készült, s a vita során – „A sasból nem lesz veréb"[15] változatban – már Goga budapesti lapjában, a Luceafărulban felbukkant. Az ötletgazda – a kései kommentátorok sejtése szerint – feltehetőleg éppen Goga. Igaz, a metafora kisebb gellert is kapott. A „sas" nyilván nem a magyar, hanem a román nemzeti törekvéseket szimbolizálta a „verébbel", azaz „a nyelvében magyar, de szellemében zsidóvá satnyult"[16] magyar kultúrával és nemzettudattal szemben.

A „tudományos előterjesztés" lényege is abban rejlett, hogy a román haza kezdettől diadalra ítéltetett ugyan, csakhogy az Ázsiából a térségbe özönlött hatalmak, mint a magyarok és a

---
15 Vezércikk, Românul, 1913. január 7.
16 Octavian Goga: Luceafărul, 1914. január 16, 2. szám, 61.

szlávok (ezek voltak Ceaușescu nyugati „fajtestvérekkel" való fraternizálásának évei) az őslakos román népességet, a vitéz dákok és a nem kevésbé vitéz rómaiak örököseit a magyarok, a germánok és a szlávok ezer éven át rabláncon tartották. (Az oroszok Besszarábiát már ismét.) Voltak diadalmas román megmozdulások, a Gheorghe Doja (értsd: Dózsa György-féle) „román" népfelkelés, és egyéb parasztmozgalmak, Mihai Viteazul „nemzetegyesítési" kísérlete. S mindez a diadalmas Alba Iulia-i (azaz a Gyulafehérvári) Népgyűlésben csúcsosodott ki.

Ami azonban számomra a legmegdöbbentőbb volt: a nagynevű akadémikus egy adott ponton kijelentette, hogy Magyarország alkatánál fogva (*structural*) rasszista állam. (Daicoviciu szobra ma, e sorok írásának pillanatában is, ott díszeleg Mátyás király szülőházának közelében – B.B.). Az európai történelem első fasisztája, folytatódott a történelmi lecke, maga István király volt. Bizonyítékok is sorakoztak: azok a kínzások, melyeket a magyar király az idegenekkel szemben (*față de Vazul și alții*[17]) „alkalmazott".

Mi, magyarok kevesen voltunk jelen, de kérdezni különben sem lehetett, egyrészt azért, mert az adott keretek közt nem nyílt volna rá lehetőség, másrészt, ha nyílt volna, sem mert volna senki semmit kérdezni. Még egy román sem. Hacsak nem valamiféle beteges szereplési vágy készteti rá, hogy álkérdésekkel szórakoztassa a hallgatóságot.

Pedig kérdés, az lett volna özönnel. Nyelvészeti, történettudományi, demográfiai. (Lásd a román nyelvnek az albánnal darabszámra egyező – különben is maroknyi – „dák" szókincsét, Alexandru Philippide nyelvjárási érveit vagy egyszerűen azt józan észre alapozott kíváncsiságot: hogyan lehetett egy ennyire vitéz és kulturált kétharmados többséget ezer éven át valóban rabláncon tartani?) Csakhogy az adott kontextusban a kérdések, sőt bármely efféle kérdés nevetségesnek, sőt, ami súlyosabb, önfeljelentésnek hathatott volna.

---

17 Vazullal és másokkal szemben

Ferivel természetesen röhögtünk az egészen... Egymás közt, nyilván. (Tisztában voltunk vele: Isten szeme mindent lát, de hallani csak halandók hallgathatnak bennünket.) De engem azért meg is döbbentett. Sok mindent tudtam már, de a gyermeteg ostobaságnak ezt a fesztiválját azért elgondolni sem nagyon tudtam volna.

31.

Röhögés ide vagy oda, a történet idővel megfeküdte a gyomromat. Ferinek nem volt választása, de nekem talán lehetett volna. A hallottak fényében sok minden más színben jelent meg előttem. Az akkortájt az általunk Akváriumként emlegetett kávézóban – oda jártunk át az Egyetemi Könyvtárból – általában a filozófusok közé telepedtem. Molnár Gusztáv barátomnak is elmeséltem a történetet. Az esetnek nem nagyon ment híre a városban, a kolozsváriak maguk már kezdtek hozzászokni az efélékhez. Ő is csak legyintett: „Hagyd ott őket" – javasolta. Náluk van még üres hely.

Ezt is tettem. Meglepő módon különösebb nehézség nélkül sikerült. Nem csak nekem, néhány évvel korábban Magyari Lajosnak is. Ő a tiszta magyarra ment át. Nem gördítettek utunkba akadályokat, hiszen a szakot eredendően egyfajta kulturális janicsárképzőnek szánták, nekünk kellett volna a fiatalabb magyar nemzedék asszimilációját fellendítenünk. Aki menni akart, mehetett, hiszen már a szándék is alkalmatlanságáról tanúskodott. Már egy teljes napja „filozófus" voltam, amikor magával a rektorral futottam össze. (A filozófia szak – a filológiaiakkal ellentétben – a főépületben volt.) Kiderült, hogy a rektor „elvtárs" a korábban említett kurzuskritikákra vonatkozó javaslatom okán megtartott az emlékezetében. (Amúgy is „ține minte"[18] hírében állt.) „Ce cauți aici?"[19] – szögezte nekem a

---

18 Haragtartó
19 Mit keresel itt?

kérdést. (Mint utólag kiderült, ő már tudhatta.) „*M-am transferat la filozofie*"[20] – vallottam be gyanútlanul. „*Cum? De la română? Aşa ceva la noi nu se poate. Marş înapoi!*"[21] S minden további nélkül faképnél hagyott. A *továbbiakról* órák után szereztem tudomást, az utolsó kurzus[22] végén a professzor zavart tekintettel, de szó nélkül kezembe nyomta a transzferpapírt[23]. Rajta a rektori aláírás. Magyarázatra nem volt szükség. Ismét román-magyaros voltam.

Én azonban igyekeztem ismét a jobbik oldaláról nézni a „kalandot": nem kellett elválnom Feritől, s a rektor iránti ellenszenvem továbbra sem változtatott a román irodalom iránti épp bontakozó vonzalmaimon. A büntetés némileg visszájára sült el... Azóta sem bántam meg. A román népi kultúra archaikus mélységei, melyek Mircea Eliade, Henri H. Stahl és mások által elmélyített – a Hamvas Béláéval rokon – őstörténeti érzékenységemet is kialakították, meghatározó szerepet játszottak szellemi fejlődésemben. Constatin Noica, Emil Cioran, Gabriel Liiceanu, Andrei Pleşu filozófiája; a valóban világirodalmi rangú, de a magyarokért korántsem rajongó Eminescu költészetének némely darabjai; Emil Isac, Alexandru Macedonski, Lucian Blaga, Ion Barbu, a magyar cselédlány fiaként született Tudor Arghezi, George Bacovia, Mircea Dinescu versei (és esszéi); a két világháború közti próza csúcsteljesítményei: Liviu Rebreanu, Mihai Sadoveanu, Camil Petrescu, Hortensia Papadat-Bengescu, Eugen Barbu, Mateiu Caragiale regényei; s az apa, Ion Luca Caragiale drámái vagy Eugen Ionesco abszurdjai nélkül sem lennék az, aki vagyok. Még a második világháború hajnalán fasiszta miniszterré avanzsált Octavian Goga nélkül sem. Utóbbi kezdettől dühödt antiszemita volt. A maga szempontjából következetesen, hiszen a zsidóság asszimilációs modelljének érvényesülésében

---

20 Átiratkoztam a filozófiára
21 Hogyan? A román szakról? Ez nálunk képtelenség! Mars vissza!
22 Így hívtuk az előadásokat
23 Így hívják románul az áthelyezési okiratot

látta a magyarországi románok identitását és később a román
nemzeti eszmét megkérdőjelezni képes legnagyobb veszedelmet. Van néhány költeménye, melyeknek kisebbségi sorsból
fakadó (nem alaptalan, de időnként már-már giccsbe hajló)
önsajnálata engem mint magyart is megérintett. Igaz, főként
kamaszkoromban.

A rokonszenv sajnos nem volt kölcsönös: kedvenc román filozófusaim – Constantin Noica, Gabriel Liiceanu, Andrei Pleşu
(az utóbbi kettőt személyesen is megismerhettem) – soha nem
találtak semmi figyelemre méltót a magyar kultúrában vagy
egyáltalán a magyarságban. A romániai magyar kisebbségre
vonatkozóan nem emlékszem egyetlen empatikus mondatukra sem. Még a marosvásárhelyi atrocitások után sem... Persze
voltak kivételek is. Korábban az erdélyi Emil Isac, Ioan Slavici,
Liviu Rebreanu például. De a Romániába szakadt magyarokról már Rebreanunak sem volt egyetlen jó szava sem. Újabban
szerencsére mind gyakrabban akadnak tárgyilagos, sőt empatikus értelmiségiek is: R.-H. Patapievici az esszéista, a költő és
műfordító Marius Tabacu, Mircea Dinescu, a költő, az idősebb
történésznemzedékből Lucian Boia, Dan Alexe, nem is beszélve
a „nemzetárulás" vádját is kockáztató fiatalabb történészek soráról: Dorin Mateiről, George Ţurcănaşuról, Dorin Dobrincuról,
Christian Sandacheról (csaknem mind a jászvásári Alexandru
Ioan Cuza Egyetemről kikerült történésziskola tagjai), vagy a
már említett emberjogi aktivistáról, Smaranda Enacheről és a
politikus Renate Weberről.

A pedagógiai gyakorlatot a román főszakosokkal együtt
végeztük. Octavian Goga egyik legérzelmesebb verséből, a *Noi*
(*Mi*) címűből tartottam vizsgaórát. A szívem mélyén gyöngéd
provokációként. A hivatalos román irodalomtörténet ugyanis
Gogát jó ideig a „szenvedés költőjeként" tartotta számon. A *Mi*
ezt a definíciót valóban igazolni látszott. A szülőföld szeretetéről ömlengő verssorok folyton könnyözönbe fúlnak. Szakaszról
szakaszra. Román kollégáimra voltam kíváncsi: megérzik-e
benne a mi esetleges magyar „világfájdalmainkat"? Az óra után
egyikük oda is jött hozzám és gratulált: *„Ai o înţelegere la Goga,*

cum puțini o au."²⁴ A megilletődöttség „mámorában" (hiszen az asszisztencia nagyrészt román volt) kiszaladt a számból: „*Nu ți s-a părut, că Goga vorbește și despre noi, ungurii de astăzi? Sau acum mai ales despre noi?*"²⁵ Ezek után mintha gyanússá is váltam volna számára. A mi magyar fájdalmaink őt nyilvánvalóan nemigen hatották meg. De nem jelentett fel. Azt is megtehette volna. A továbbiakban csak átnézett rajtam.

32.

Igaz, az óra hatása alatt én is kénytelen voltam a kérdés magyar vonatkozásait is végiggondolni. Az Ady Endre és Octavian Goga közt a világháború előestéjén lezajlott vitáról sem a román, sem a magyar irodalomtörténet-előadásokon nem esett szó. A magyar–román egyezkedési kísérletekről meg végképp nem. De apósom öntudatlanul is segítségemre sietett. Tőle kaptam meg Ady Endre emlékezetes cikk- és tanulmánygyűjteményét. (Szerkesztette és a bevezetőt írta: Féja Géza.) Már a címe is felkeltette az érdeklődésemet: *Jóslások Magyarországról*. S az utolsó fejezetben – *Ha Erdélyt elveszik* cím alatt – ott a vita teljes 1912 és 1915 közti anyaga. Egészen pontosan Ady szövegei. A vita hátterében Tisza István miniszterelnöknek a magyar–román közeledést megalapozni hivatott többrendbéli kapcsolatteremtési kísérlete állt. A Román Nemzeti Párt képviseletében végül az Adyval látványosan bensőséges viszonyt ápoló Goga lett az egyik tárgyalófél. Ady ezeket a tárgyalásokat már árulásnak tekintette. Mármint a magyar nacionalizmust elutasító, internacionalista ellenzék elárulásának. Az ő nézőpontjából csak „a reakciós magyar politika", „a magyar feudális világ reprezentánsainak" a hatalomból való eltávolítása, azaz a magyar, szász és román

---

24 Olyan mélységekig érted Gogát, ahogyan kevesen!
25 Olyan mélységekig érted Gogát, ahogyan kevesen!

néptömegek összefogása nyomán létrejövő demokratikus rend (sőt revolúció) lett volna elfogadható.[26] A Goga-szövegek azonban számunkra nem voltak hozzáférhetők. Ha az Egyetemi Könyvtárban kutakodtam, kurta cetlit kaptam válaszul: „Fond secret"[27]. A volt fasiszta miniszterelnök politikai tárgyú szövegeihez csak megbízható „elemek" férhettek hozzá. Én nem egészen számíthattam annak. Pedig Goga, ha nem is minden áron, de tényleg kiegyezésre (is) törekedett volna... Ez később a „Csucsai-Paktum" szövegéből is kiderült.[28] Magyarországi rokonaimtól, akikkel akkortájt fedeztük fel egymást, végül mégis hozzájutottam Goga (Adynak, a költőnek című) válaszához.[29]

„Valóban igaz – írta Goga –, a te demokratáid minden nép jogáért küzdenek. Meggyőződéssel és tiszta szívvel harcolnak e jogokért. Küzdenek, mert harcuk csak elmélet, s talán csak érzelem. Te ne tudnád, hogy a hatalom megváltoztatja a lelket,

---

26 Neked nem tűnt úgy, hogy Goga rólunk, mai magyarokról is beszél, sőt manapság inkább már rólunk?
27 Az Ady-Goga vitára vonatkozóan később szinte már kimerítő dokumentáció is napvilágot látott: Ady Endre összes prózai művei, Újságcikkek, tanulmányok, XI. kötet (1913. január – 1918. december) Akadémiai Kiadó, Budapest, 1982. (Ahol is a 150 oldalnyi alapszöveget mintegy 500 oldalnyi jegyzet, kommentár, értelmezés és háttéranyag egészíti ki.)
28 „Titkos dokumentumok"
29 Apropó, titkos dokumentumok: egyszer véletlenül elírtam az egyik igényelt kötet kódszámát. Alexandru Philippide: Istoria limbii române (A román nyelv eredete) című könyvét hozták ki. A benne foglalt 1893–1933 közti egyetemi előadások cáfolhatatlanul igazolták a Ceaușescu alatt irgalmatlanul titkosnak minősített bevándorláselméletet, melyet – egyebek közt – Moldva alapításának (descălecatul Moldovei) krónikákban is rögzített népi emlékezete is igazolt. Philippide a nyelvjárási adatok alapján tárta fel, hogy a románság két eltérő útvonalon: Bánság, Erdély, Máramaros, valamint Olténia és Havaselve irányában vándorolt be Erdély, Moldova és Havasalföld területére. A kontinuitáselmélet szerfelett ingatag volta ekkortól számomra sem lehetett többé rejtély.

a meggyőződést, az érzelmet – mindent? Te ne tudnád, hogy a hatalom varázslat, mely az ostobákat okossá, az okosakat butává, a rosszakat jóvá, a jókat alávalóvá teszi? Még sokkal nagyobb csodákra is képes: a demokratákat autokratákká és despotákká varázsolja. (...)
Még legkitűnőbb teoretikusaitok – még Jászi Oszkár is – azért akartak demokratizálni minket, hogy aztán elmagyarosítsanak. Véget akartak vetni a brutalitásnak, de az ő tevékenységüknek is az a célja, hogy egy népet eltiporhassanak. Ti csak szövögessétek a magatok jövőjét. Mi is megszőjük a magunkét, nélkületek, sőt ellenetek is."[30]
Prófétai mondatok, melyek jórészt Goga későbbi karrierjét is megjövendölik.

Számomra azonban az volt az igazán megdöbbentő, hogy még a nemzeti kérdést viszonylag tárgyilagosan szemlélő, de a nyugati demokráciák tisztaságának és tisztességérzetének mítosza által megszédített Jászi Oszkár vagy a felelőségtudattól áthatott Tisza István is csak az utolsó pillanatokban váltak képessé arra, hogy a románok jogos nemzeti törekvéseivel némileg elfogulatlanul szembesüljenek.[31]

Akkor már – tudjuk – mindhiába. (De ki tudja, már néhány évvel korábban is hiábavaló lehetett volna. Valóban elkéstünk: Adyval szólva. Ez az igazság, kezdtem én is felismerni. Bennünket a forradalom ebben az alapvető fontosságú vonatkozásban valóban felkészületlenül ért.)

---

30 Kemény G. Gábor, Kovács Péter: A szomszéd népekkel való kapcsolataink történetéből. Válogatás két évszázad írásaiból. Budapest, Tankönyvkiadó Vállalat, 1962. A határon azt is csaknem elkobozták. De Goga neve a határőr szívét is meglágyította. A szóban forgó szöveg Belia György fordítása, 578-579.
31 Uo.: 578-579, Belia György fordítása.

33.

Mi lehetett a késedelem oka? A kapcsolatfelvételt ugyanis már jó fél évszázaddal korábban, a Szabadságharc hónapjaiban is kezdeményezhettük volna. Sőt, a forradalmi lelkesültség légkörében alapvető érdekünk lett volna, hogy mi kezdeményezzük.

Az 1848-as szabadságharc kezdeteinél Bolyai János (a Babeș-Bolyai egyetem diákjai voltunk) szinte már a marosvásárhelyi királyi tábla közvetlen közelében élt. Az épületben jogászként (az intézmény kancellárjaiként) szolgáltak Avram Iancu, Alexandru Papiu-Ilarian, s velük állt kapcsolatban az erdélyi származású, de egy ideig Bukarestben is oktató Axente Sever és többen mások, akik jogászként, filozófusként, teológusként az Alsó-Fehér megyei magyarellenes vérengzésekben – mindenekelőtt a nagyenyedi férfinépesség lemészárlásában, a kollégium könyvtárának felgyújtásában, a maradék lakosság – főként nők és gyerekek – halálba hajszolásában vezető szerepet játszottak. Igaz, jobbára osztrák felhatalmazással.

Bolyai ösztönösen is érezte a veszélyt. S ezt *Bolyai János Marosvásárhelyi Kézirataí*nak I. (*Fogalmazványok a Tanhoz, illetőleg az Üdvtanhoz* című) 2003-ban az Erdélyi Múzeum Egyesület kiadásában megjelent kötetében található szöveg (bár ezt akkor még nem ismerhettem) világosan jelzi is.

Engem diákkoromban főként az a – mai szemmel merőben történelmietlennek tűnő – kérdés foglalkoztatott: mi lehetett az akadálya annak, hogy a magyar és a román forradalmárok megpróbáljanak legalább szót érteni egymással? Hiszen még a román forradalmárok is, akik végül a bosszúszomjas – de az is lehet, csupán azokká tett – román parasztok vezéreivé váltak, kétségtelenül történetileg és ideológiailag is jól képzett férfiak (a teológusok kivételével rangos magyar szakintézmények végzettjei) voltak, akikkel az értelmes eszmecserének – elvben legalábbis – lehettek volna némi esélyei. (Azt tudtam, hogy az első lázongások után a mi Kossuthunk is azt üzente a lázadóknak, hogy „a fegyverek fognak köztünk dönteni". És lőn.) Pedig nyelvi akadályok sem álltak fenn, hiszen Bolyai is tudott románul, az erdélyi főiskolákon végzett jogászok és filozófusok pedig tökéletesebben beszélték a magyart, mint ő a románt, s ismerték a magyarok szándékait is, akárcsak a kor európai tendenciáit, azaz az egységes és oszthatatlan nemzeti állam (akkor már nyilvánvaló) ideálját.

Bolyai egyik – papírcetlikre vetett – fogalmazványában úgy véli ugyan, hogy a függetlenné vált, szabad „Magyar-hon az o (azaz az „eredendő" – B.B.) európai országok, hatalmak között nevezetes szerepet vivend (...) és egy fény-pontja lesz Európának", s ekként a románság számára is felemelkedést fog jelenteni.[32]

Csakhogy Bolyai egyidejűleg Erdély és Magyarország egyesülésének is föltétlen híve volt. „Az Unió által – írta – a hivatal, vagyis ország- vagy állam- vagy honszolgálat egyszerül, könnyül, kényelmesebb lesz – a kényelmet pedig ki nem szereti, sőt hajhássza? Nemde nem ez-e egyik fő törekvésünk célja? Boldogságunk egyik lényeg-tényezőjét nem a kényelem teszi-e?, milyért (azaz melyért – B.B.) nem kész-e egyén, s nemzet véres háborúra?" (...) „Az unió által az ez előtti két ország rendezése egy-elvűbb s szelleműbb lett. (...) Egy szóval *az unió egy lépés az emberi nem egyesülése, tehát Isten országa felé?"* (Kiemelés tőlem.)

Azzal persze maga is tisztában volt, hogy a többségében románok által lakott Erdély Magyarországgal való egyesülése mégiscsak sérti „az okos szabadság és egyenlőség eszméjét, de – vélte – ez csupán magából a kulturális szintkülönbségből fakad. Mindenekelőtt azt kellene megszüntetni. Hiszen „minden hirtelen, illő idő előtti változás, átmenet veszélyes, tompító vagy túlzásba rántó: úgy a művelődésben elhanyagolt nép-osztályt is, mint a beteget, csak illő fokozatosan vive, lépcsőnként célszerű, rá magára nézve is kiművelni, meggyógyítani."[33]

E szövegnek az ismerete nélkül is fölmerült bennem, hogy mi lehetett az oka annak, hogy a mi zseniális (az egyetemesen

---

32 Az unióról, szabadságról és a román nép szeretetétől című fejezet, 220-223.
33 Idem

emberi Üdvtan megteremtésén munkálkodó) Bolyaink sem ismerte fel, hogy a románokat (egészen pontosan az akkor már kiépülő román értelmiséget) csak akkor nyerhettük volna meg a közös ügynek (is), ha megvitatjuk velük, mi az, amit ők várnának a forradalomtól, s mi az, amit mi, magyarok várunk el magunknak. Azaz az egység, függetlenség, szuverenitás miért ne járna ki nekik is? A valóban a műveltség alacsonyabb szintjén álló román parasztok (azaz az elsöprő többség tagjai) magasan képzett román értelmiségiek befolyása alatt (is) álltak. Elvben lehetett volna kivel tárgyalni.

Akkor még talán... Egyébként Bolyai logikája az osztrák–magyar viszonyokra is alkalmazható. Az osztrák, és általában a német és magyar kultúra közti különbség akkortájt már csak mennyiségileg és nem minőségileg különbözhetett egymástól. Ha ezt tagadjuk, valamiféle rasszizmusnál fogunk kikötni.

Ámbár rettenetes (de szinte már magától értetődő), hogy a minket alacsonyabb rendűnek tekintő osztrákok a nálunk is „alacsonyabb rendűnek" nézett románokat bujtották fel ellenünk! Erdély Magyarországgal való 1848-as egyesülése pedig román szemmel éppen a méltányosság, azaz a *másságok értékbéli azonosságának*, a voltaképpeni egyenlőségnek az ellenében hatott. Ha mi, magyarok önrendelkezést akarunk, miért ne akarhatnának azt a románok is? Vajon tényleg az unió és nem az *alegységenkénti önrendelkezés* (mai terminussal a föderalizmus és/vagy az azt kiteljesíteni képes autonómiák rendszere) lehetett volna a tényleges megoldás, mely a társadalmat működőképesebbé, az együttélést komfortosabbá (s végső fokon lehetségessé) tehette volna? De vajon ehhez nem az kellett volna-e, hogy a románokat (és a többi nemzetiséget is) olyan jogokkal ruházzuk fel, melyek a románok számára is vonzóbbak lehetnek a voltaképpen „kényelmetlen" egységbe (a mi egyetemi éveink diktatórikus légkörében már – a ritka, de akkor is létező józanabb román szemszögből is – mindinkább kiábrándítónak bizonyuló), Nagyromániába való „csábításoknál"? (A „Nagyrománia" terminust egyébként maga Bolyai is ismeri és emlegeti.)

34.

A helyzetet persze bonyolította, hogy bár mi, magyarok 1848-ban sem szerezhettük vissza egykori szuverenitásunkat, mégiscsak a Habsburg Birodalom valamiféle nemzetileg is kényelmesebb „csatolmányának" számítottunk, a románoknak azonban egyáltalán nem is volt mit visszakapniuk. Nekik – legalább egyelőre – annak jó részét kellett volna elnyerniük, ami ellen mi lázadoztunk. (Az említett csatolmányi státust.) De még erről sem lehetett szó. Rövidesen ki is derült: a Habsburgok csupán kihasználják őket... Volt egyáltalán miről tárgyalni? A nagy Kossuth szavai (legalábbis akkor) a kölcsönösség utolsó lehetőségét is kizárták. Kossuth (és nem csak ő) főként Franciaországra és Angliára tekintett. Nyilván ez volt a korszellem. De nekünk nem lehetett volna mégis egyfajta, a helyi viszonyokat szem előtt tartó *korszellemünk*? Nem lehetett volna (akkor és részint még Trianon után is) a velünk együtt élő népekre is tekinteni?

(Ez a gondolat – nyugati száműzetésében – már Kossuthban is felderengett, sőt a „Duna-medencei konföderáció" elméletének megalkotásához is elvezetett... Sajnos a magyar nyilvánosság számára jobbára ismeretlenül.)

De mindez minálunk a Szabadságharcot megelőzően sem lett volna merőben előzmény nélküli, vetettem fel filozófus kollégáimnak. A „Martinovics-féle összeesküvés" programjában már szerepelt a szövetségi állam és a helyi autonómiák gondolata is. Igaz, a francia girondisták eszméi nyomán, akik aztán maguk is a guillotine alatt végezték.

Épp akkor ástam elő a kolozsvári antikváriumból Jancsó Elemér *A magyar szabadkőművesség irodalmi és művelődési szerepe a XVIII-ik században* című tanulmányának második kiadását.[34]

---

34 „Ady Endre Társaság" – Cluj, 1936, 53-54.

A tanulmány a svájci modellre is hivatkozott. Véletlenről tehát aligha lehet szó. Az összefüggés Alphonse Lamartine *A girondiak története* című, az Országos Széchényi Könyvtárban magyarul is olvasható nyolckötetes munkájából is kiderül. A girondisták elleni legfőbb vád az volt, hogy „összeesküdtek a köztársaság egysége biztonsága és szabadsága ellen."[35] (Ezzel a váddal szokás ma is illetni, a román, a spanyol és számos más európai alkotmány jogszerűségének megkérdőjelezőit is.) A Girondista Alkotmány ezen túl elutasította a szabadságjogok korlátozására irányuló törekvéseket, valamint a gazdaságba való állami beavatkozást. A Girondista Kormány 1793. június 2.-án bekövetkezett bukását követően a – Danton, Marat és Robespierre befolyása alatt álló – Hegypárt tagjai, illetve az ülésterembe benyomuló csőcselék egy része meghozták a határozatot a girondisták őrizetbe vételéről és vád alá helyezéséről.

A magyar jakobinusok elnevezés egyébként is félrevezető. A Martinovics-féle „összeesküvés" résztvevői nevüket eredetileg onnan kapták, hogy a klub székhelye, melyben összejártak, a Szent Jakab utcai Domonkos-rendi kolostorban volt. Martinovicsék egyébként sem voltak annyira radikálisok, mint a francia jakobinusok. Hajnóczy József is a mérsékeltnek számító girondista és nem a jakobinus alkotmányt fordította magyarra. Ezzel persze akkor még nem érvelhettem, mert Lamartine hatalmas munkája csak jó évtizeddel később kerülhetett a kezembe, néhány hetes budapesti tartózkodásom során.

Kollégáim azonban már a szabadkőművesség említésére is legyintettek. „A szabadkőművesség verte szét Nagymagyarországot is." „Csakhogy ez még nem *az* a szabadkőművesség volt..." – próbáltam érvelni. „Dehogynem..." – legyintettek... Ekkor a közvetlenül együtt élő közösségek többnyelvűségének gondolatában

---

35 Az idézet a Courrier Republicane című lap 1793-as számában található. Lásd: A Nagy Francia Forradalom dokumentumai című, Hanhner Péter szerkesztette összeállítást, Budapest, Osiris, 350. oldal.

próbáltam megkapaszkodni. De a vita ezen a ponton – ki tudja miért, már nem emlékszem – félbe is szakadt.

Pedig arra, hogy a kölcsönös többnyelvűség mégsem lett volna volt merőben lehetetlen, arra Bánffyt hozhattam volna fel példának, aki az akkor csaknem színmagyar Kolozsvár egyik főuraként is megtanult románul. (Octavian Goga *Az ember tragédiája* fordításáról összehasonlító tanulmányt is megjelentetett.) Sajnos a – Trianon után Erdélybe került – *regáti*[36] értelmiségiek közül *szinte senki* nem tanult meg magyarul, még a gyakorlatilag színmagyar Sepsiszentgyörgyön sem.

Az, hogy a jelentős román írók (többek közt maga Goga is) anyanyelvi szinten megtanultak magyarul (Goga Madách mellett Petőfit is fordított, s Liviu Rebreanunak kisebb magyar „életműve" is van), természetes, hiszen mi is – tetszik, nem tetszik – mindannyian kénytelenek vagyunk megtanulni románul. (Nem mintha én és sokan mások nem szívesen tettük volna. A sokszor a nyíltan ellenséges légkör ellenére is.) De én mindig úgy véltem: a modernitás évszázadait megelőző magyarországi (főként *urbánus*) nyelvi *kölcsönösség* (például Temesvár, Brassó – igaz, csupán átmeneti, de mégiscsak néhány százéves – három-, sőt négynyelvűsége) lett volna és talán lehetne a tényleges megoldás. Ma is. Vagy éppenséggel a vegyes lakosságú falvak feszültségektől soha nem mentes, de mégis békés kétnyelvűsége. Nem idegen-, hanem egyfajta anyanyelvként. Az állampolgári közösség helyenként szinte már tágabb családként *együtt élő* „családtagjainak" spontánul elsajátított „anyanyelvei" gyanánt.

Számomra is nyilvánvaló volt, hogy 1848-ban a korszellem főként nekünk, magyaroknak „kedvezhetett volna". A románoknak akkor (még) nem. Lehetett tehát félnivalójuk. Franciaország is ezekben az évtizedekben *kezd eltökélten* egynyelvű és egykultúrájú állammá, voltaképpen a központi tartomány, Île-de-France

---

36 A Regát a Havasalföldből és Moldvából egyesült Románia, az ún. Ókirályság megnevezése.

államává válni. S a francia kultúrájú román értelmiségiek (főként a regátiak) ezzel tisztában is voltak...
 A helyzet azonban másként is alakulhatott volna. Akár még Franciaországban is. Nem alakult, csakhogy ennek a levét végül is mi (a francia és angolszász modell rajongói) ittuk meg. A saját diadalittas nemzeti konstrukcióik mámorában minket, akik őket akartuk – helyzetünkből fakadóan kevesebb eséllyel, s ezért bátortalanabbul – követni, egyszerűen széttrancsíroztak, nehogy megzavarjuk a diadalmámort, mely akkor a románokat is kezdte már megfertőzni. Ennek Bolyai is tudatában volt. Még a – már akkor gyermetegnek tűnő – kontinuitáselméletet is képes volt lenyelni, csak hogy ne bonyolítsa a helyzetet. Hogyan lehetne a kulturálisan bizonyos vonatkozásokban tényleg „alacsonyabb rendű" románokat a kultúra magasabb szintjére emelni? Ez Bolyai alapkérdése is. (De erre már neki sem volt kézzel fogható válasza.)
 Magyar gyanánt faraghattunk volna belőlük modern embereket? – tettem fel a kérdést immár önmagamnak. Ezen az alapon azt is elfogadhattuk volna, hogy a Habsburgok faragjanak belőlünk német anyanyelvű európai polgárokat. (Ennek az alternatívának nálunk is lettek volna esélyei.)
 Kollégáim nemigen akartak érteni. Néha indulatossá váltam. Ma már nem bánom.

35.

Ferivel türelmesebbek voltunk egymáshoz. Egyébként minden egyebet is megbeszéltünk. Mindketten rajongtunk az irodalomért. Főként a drámáért. Hosszú Shakespeare-szövegeket idézgettünk egymásnak. A rendszerről is egyezett a véleményünk. Magyar nacionalizmus miatt börtönözték be, de egyáltalán nem volt nacionalista, a börtönben sem csak magyar barátai voltak, voltak románok is, bár a magyarokból akkortájt aligha lehetett kisebb a „felhozatal".

Első perctől tökéletesen megbíztunk egymásban, komolyan vettük egymás érveit, ha nem is mindenben értettünk egyet. A fentiekben nem igazán... bár ő román vasgárdistákkal[37] is ült együtt. Velük sem mindenben értett egyet, de mégis közelebb érezte magához némelyiküket, mint néhány kommunistát. Velük (mármint a vasgárdistákkal) is tele volt a láger. Jó részük ott is pusztult. (A maradék a hírhedt „Pitești-i kísérlet"[38] eredményeként később átnyergel a kommunista pártba. Akárcsak a magyar nyilasok jelentős része...) Persze azt is megbeszéltük, hogy az adott helyzetben lehetne-e igazságosabb megoldásokat is kieszelni. Ő nem igazán hitt a tartós többnyelvűségben. Inkább a lakosságcserét helyeselte volna, például a székelység és általában a kelet-erdélyi magyarság áttelepítését nyugatabbra, főként a Partiumba. (Ő is nagyváradi volt, akárcsak a leendő feleségem.) Csakhogy ezzel már az én székely lokálpatriotizmusom nem lett volna összeegyeztethető. Elnézően mosolyogtunk egymás ötletein. Álom, álom, édes álom – szoktuk lezárni az (akkortájt egyébként korántsem veszélytelen) eszmecseréket.

---

37 Nacionalista, antibolsevista, antiszemita „megújulási" mozgalom Romániában. 1941-ben feloszlatták, részben bebörtönözték és meggyilkolták őket. A német fasizmussal valóvaló szövetség zárójelét követően a háború után ismét börtön és kölcsönös gyilkosságok következtek. (Hitler egyébiránt nagyon nem rokonszenvezett velük.) A vasgárdisták főként nemzetárulónak tekintett, nyugat-párti politikusokat gyilkoltak meg. (Köztük a román nemzeti eszme alapjait megteremtő Nicolae Iorgát is.) A hatvanas évek elején már csak kevesen kerülhettek szabadlábra. (A mozgalom hiteles történetét később épp Feri írta meg. Lásd alább!)

38 A bebörtönzött osztályellenségen talán az ún. szocialista táborban is páratlanul embertelen módszerekkel végrehajtott „átnevelés", azaz agymosás 1949–1952 közt lezajlott elképesztően sikeres kísérlete. Ma már könyvtárnyi irodalma van.

36.

A feleségemmel is a felvételin ismerkedtem meg. Jung úgy véli, hogy a véletlenszerűnek tűnő egybeesések ritkán véletlenek. Az ember szellemi fejlődésének legtöbbször szükségszerű jelenségei. Soha nem teljesen véletlen, ha az ember kezébe vesz egy könyvet. A választék szinte már határtalan. Ha egy bizonyos könyv után nyúlok, az csak látszólag lehet véletlen. Talán évtizedek szellemi fejlődése vezet el ahhoz, hogy éppen azt, és ne más kötetet vegyek a kezembe. S ugyanez történik a könyvüzletben vagy az antikváriumban is... Ez persze minden ezoterikus felhang ellenére is nyilvánvaló.

Hittem és hiszek Jungnak.

Amikor felvételire készülve az egyetem folyosóján megpillantottam leendő feleségemet, az valóban merő véletlen lehetett. De azt is rögtön tudtam, hogy semmi nem lehetne szükségszerűbb. Egész életemben őt kerestem. Fiatal korom a görög kultúra, költészet, szobrászat, filozófia bűvöletében telt el. Túlságosan hasonlított egy görög szoborhoz. Lenge ruha volt rajta. Nem kacérságból. Mint később megtudtam, egyszerűen az volt csaknem az egyetlen szép ruhája. Egyébre nem telhetett volna. A családot is ő tartotta el.

Nem kellett – kisfiús férfiképzelettel – „levetkőztetnem". Az olcsó ruhácska alatt ott domborodott a görögös márvány. A barátaim körében a széles csípő, a keskeny derék volt a nőideál, és természetesen minden, ami ezzel jár. Neki mindebből alig volt valami. Egészen pontosan: épp annyi, mint az én görög nőideáljaimon. Azaz minden, de – hogy pontosan fogalmazzak – mértékkel. Persze mindezt csak később tudhattam meg. A Fellegvár egy kutyatenyésztő hölgyének jóvoltából, aki üresen álló mellékszobácskájában, melyet kölcsönadott nekünk (megtetszettünk neki) alkalmam adódott, hogy – ezúttal már nem teljesen véletlenül – meztelenül lássam. Ez már a feleségem harmadik (ezúttal sikeres) felvételije után történt. Közben rendszeresen látogattam Nagyváradon. Ferivel úgynevezett *szuplimenten*[39] éltünk, hogy maradjon pénzünk az utazásokra is. Az ő felesége is nagyváradi volt.

Egy alkalommal kissé italosan a fiaimnak is elmeséltem a történetet. Nem minden pajzánság nélkül nekem szögezték a kérdést, hogy „akkor mit éreztél?". A meglehetősen férfiatlan igazságot mondtam ki: „Megmerevedtem." Snurból félreértettek. „A gyönyörűségtől" – legyintettem félre a pajzánkodást. Ő volt az a bizonyos görög szobor. Az érinthetetlen. (Gyöngéd, elnéző mosoly... Elvégre ők mégiscsak vannak...)

A három felvételinek súlyos magyarázata van.

Nem sikerült (nem sikerülhetett) az első két felvételije, hiszen a beteg apját és anyját, sőt, bizonyos értelemben az egyetemre osztályidegenként szintén csak második próbálkozásra bejutott bátyját (közvetve) ő is támogatta. A középiskolát leendő feleségem „magánúton" végezte el (Magyarországon ezt levelezőtagozatnak nevezik). Napi nyolc órán át számlázott beteg apjának egykori vállalatánál. Egy raktár mélyén, a neonfénynél végzett kimerítő műszak után holtfáradtan ülhetett be a délutáni órákra. Készülni már szinte nem is volt ideje. Így aztán ő, aki a volt Premontrei egyik legjobb osztályában nagyon jó tanuló volt, az érettségin csak siralmas jegyekre vizsgázhatott. Ceauşescu ugyanis – jól ismert nagyzási hóbortjában – épp akkor akarta a minőségi oktatást ott is (mármint a levelezőtagozaton) bevezetni. A leendő feleségemet mindig csupán az intelligenciája vihette át. Márpedig azokban az években a felvételin az érettségi általános is alapjegynek számított... Amikor ezt a kritériumot kiiktatták, rögtön harmadiknak jutott be. A túljelentkezés ellenére is. És akkor is közvetlenül a munkahelyéről.

Szüleim is imádatig szerették ugyan, csakhogy nagyváradi (azaz némiképp „másfajta" magyar) volt, ráadásul osztályidegen, mert apósomnak Nagyváradon (a két világháború közt összegürcölt) antikváriuma volt, melyet aztán a *rendszer* (ezt a szót édesanyámék sokáig csak áhítattal vették a nyelvükre)

---

[39] A nagyobb étvágyúaknak szánt második adag. (Akkor még az is volt.)

államosított, így aztán a feleségem valamiféle kapitalista sarjadéknak is számított. Hiába volt apám is Telcsen egyfajta, zsidó vagyonba ült (valójában ültetett) kapitalista, az előítélet maradt.

Az egy más kérdés, hogy a „sarjadék" egy szoba-konyha-kamrás lakásban élte át a kommunizmus diadalának emlékezetes évtizedeit. Negyedmagával. Ennek ellenére osztályidegen bátyja is az ország egyik legjelentősebb fizikatanárává vált. Generációkat nevelt nem is akármilyen szakemberekké.

Édesanyám azonban egyszer még azt is megjegyezte, hogy ő először székely, s csak azután ember. Nem értettem. A feleségem annál inkább: a magyar terminus „kapitalista" apósomnak szánt szúrásként maradt ki a természetes felsorolásból, melynek (akár internacionalista hangfekvésben is) úgy kellett volna hangzania, hogy „először székely, aztán magyar, és végül ember".

Szerencsére efféle „apróságokon" nekünk sem futott zátonyra a házasságunk.

A feleségem – mit is tehetett volna – úgy tett, mint aki meg sem hallja. (Apja, „apu" számára ugyanis – egyebek közt – én éppen székelységem miatt váltam igazán rokonszenvessé is.)

Egyébiránt tényleg szerették is egymást. Anyám büszke volt a szép és dolgos menyére. Akárcsak egy ritka szerzeményre. Az is volt...! (Mellesleg csodálatosan énekelt. A falu Pacsirtaként is emlegette.) Egyébként épp feleségem – a katolikus – volt az, aki betegágyánál a – hozzám hasonlatosan csaknem teljesen afon – édesanyámnak református zsoltárokat énekelgetett. Édesanyám ugyanis – én ezt korántsem tekintettem soha véletlennek – rajongó reformátusból vált hithű kommunistává. Nyolcvannégyben hajlóan azonban memóriája a jelent már „végképp eltörölte", csak a múltra, azaz gyerekkora zsoltárjainak (a feleségem szájából tényleg lenyűgöző) hangulatára emlékezett.

37.

Egy napon azonban ismét becsapott a villám. Említettem már, néhány éven át én voltam a kolozsvári Gaál Gábor irodalmi kör elnöke. Egy alkalommal Vilka (teljes nevén Ágoston Vilmos) jelentkezett egy – az amerikai négerek (még tényleg embertelen) helyzetét bemutató – novellával. A téma – legalábbis egy román szerző tollából – akkor még minálunk is elfogadható lehetett volna, mint az amerikai imperializmus korrekt jellemzése. Úgy véltük (Fodor Sándor is, aki az írószövetség részéről képviselte a kört), hogy Amerikáról Vilka is kockázat nélkül „leránthatja a leplet". A tényállást természetesen a hallgatóság minden tagja magyar–román relációra fordíthatta le. A Szekuritáté mindenekelőtt! Mely nyilvánvalóan ott is jelen volt. (Hol nem?) A részvevők természetesen szemmel látható élvezettel (az írás maga is remek volt) betű szerint „értelmezték" a szöveget. Azaz a vita során senki nem „fordította le". A hangsúly főként az írás kétségtelen esztétikai értékeire koncentrált. Nem voltunk eszementek.

Néhány nap múlva azonban reggel 7 óra tájban nálunk (azaz györgyfalvi negyedi albérletünkben) megjelent két bőrkabát. A háziasszony (jehovista lévén) később bevallotta: lelkére kötötték, hogy ne mondja el senkinek, hogy egy nappal korábban már jártak nálunk. Átnézték a holmijainkat. De az ő Istene nem engedi, hogy hallgasson...

Nekem is volt egy kisregényem, mely az argeși-i vízerőmű építésének általam – még lelkes „kommunista" által – átélt emlékeit elevenítette fel. (Apám átmenetileg éppen munka nélkül volt, édesanyám pusztán betegnyugdíjas – az illegalista nyugdíj csak később hullott az ölébe –, meg kellett keresnem a pénzt a felvételire.)

A tervet teljesíteni kellett, munkavédelmi szabályokról nem is hallottunk, következésként volt több tucatnyi – puszta járulékos áldozatnak tekintett – halottunk is. „Utolsó reggel" kicsődítettek mindannyiunkat, hogy várjuk a „nagyfőnök" érkezését. Egész nap csorgott az eső, mi meg ott álltunk a téren késő délutánig, hogy legyen közönség, hiszen „felemelő" beszéd következik.

Az avatási ünnepségre vonatkozó, sajgóan ironikus oldalaknak - én akkor még észre sem vettem - nyomuk veszett. (Az alapszöveg talán még megvan, ideje lenne a befejezést is újraírni...! Az eltűnt oldalakat ugyanis már nem sikerült visszaszereznem. Az általam is kikért megfigyelési dossziémból is hiányzott.) Reggel 7-kor vittek el. Valamikor az esti órákban szabadultam. Közölték velem, hogy Vilka találkozott a felvidéki Duray Miklóssal. Ez valószínű volt, hiszen azt tudtam, hogy Duray a romániai magyarság minden jelentősebb személyiségével találkozott. A magyar kisebbség jogait ugyanis mi, határon túli magyarok csak együtt vívhatjuk ki. Ő már Szlovákiában, az orosz lerohanás nyomán megtette, amit megtehetett. Arról azonban fogalmam sem lehetett, hogy Vilka Durayval kijuttathatott egy „gyalázatos" dokumentumot, miszerint a romániai magyarságot a román állam megsemmisülésre ítélte. (Ezt állította ugyanis a vallató tiszt.) Minekutána, mint már említettem, bennünket, román-magyar szakosokat is odacsődítettek Daicoviciu akadémikusnak az Egyetemiek Házában tartott előadására, melyen explicite is elhangzott, hogy a magyar fasizmus István királlyal kezdődött, Vilka „gesztusát" elvileg sem tarthattam teljesen valószínűtlennek.

Már csak azért sem, mert Vilkával az egyetem folyosóján - talán egy vizsgaeredményre várakozva - volt néhány perces beszélgetésünk is, amikor Vilka engem, a román-magyarost megpróbált meggyőzni arról, hogy mi, románok és magyarok soha nem leszünk képesek megérteni egymást. (Ezt ő magyar zsidóként bizonyára világosabban is láthatta, mint én). Mi, magyarok - mondta - folyton valamiféle kompromisszumra törekszünk, de „román honfitársaink" bennünket pusztán le akarnak törülni a térképről. Nem egészen értettem egyet vele. (Mellesleg máig sem akarnék, de ez már az én külön szerencsétlenségem.) Beszélgetésünknek azonban nem volt fültanúja.

De volt egyéb, látszatra „súlyosabb" is. Feri, aki a börtönéve után jobb híján került a román-magyar szakra, már előre figyelmeztetett, hogy feltehetően csupa besúgó vesz körül bennünket. Előbb-utóbb engem is elővesznek. Bármit is kérdezzenek,

egyetlen válaszom legyen: „Sajnos, semmit nem tudok róla."
Intését – a középiskolás élmény traumájával a hátam mögött –
alaposan agyamba véstem.

Ami közben történt, az a romániai magyarokra szakosodott
belügy figyelemre méltó – s nagy vonalakban máig ismeretlen –
hatalmi stratégiájának tipikus mozzanata. Azt akarták kiszedni
belőlem, hogy a Vilka-novella a román–magyar kérdésről szólt.
Tudtam, mindenki tudta, hogy valóban így volt. Nem voltam
naiv (úgy is mondhatnám, hülye), nyilvánvaló volt, hogy a népes hallgatóságból (ha Feri tényleg igazat mondott, s miért ne
mondott volna?) lesznek néhányan, akik „lelkesen" elismerik,
s olyan, aki tagadná, főként, ha kicsit megszorongatják, aligha
fog akadni. A tagadás ugyanis „ellenséges" magatartásnak minősülne. (Ami akkor és ott a viszonylagos enyhülés dacára sem
volt éppen gyerekjáték.)

Tudatában voltam, hogy mit teszek, de úgy éreztem, nekem
sincs más választásom. „Bevallottam". Még meg is nyugodtam
valamennyire. Vilkáról – novelláján és említett nézetein túl (ezeket mások nálam jóval alaposabban ismerhették, hiszen nem is
egy szakra jártunk), nem tudtam semmit. A CIA-kapcsolatokról
meg végképp.

Csakhogy múlt az idő. És kiderült, hogy vallatóimat Feri
egyáltalán nem érdekli. A CIA sem. De engem még mindig
benntartanak. Pedig egy lazább pillanatomban még a Vilkával
folytatott néhány mondatnyi beszélgetésemről is beszámoltam.
Ezt máig szégyellhetem. Igaz, voltaképpen csak azért tettem,
hogy lássák, „nem falazok" senkinek, tehát ha rá kerül a sor, a
Ferire vonatkozó válaszaimat is komolyan vehetik. Vilkának
pedig a Duray által közvetített, s a határon elkobzott CIAszöveg birtokában már igazán nem árthatok. Rajta már csak
az Isten segíthet... (Részben meg is tette, ha nem is éppen a
magyaroké.)

A szekusok viszont úgy vélték, rendben is vagyunk. Jöhet
tehát a szöveges vallomás. A szolgálatos tiszt diktálni is kezdte
a szöveget. Mármint Vilka novellájának sajátosan „nemzetbiztonsági" értelmezését.

Feriről továbbra sem esett egyetlen szó sem. És ekkor agyamban felvisított a vészcsengő. Miért nem Feriről szól az egész, akiről semmi körülmények között nem szabad beszélnem? Itt már merőben más a tét!

Csak nem arra megy ki a „játék", hogy Vilkát novellája (részben már általam is osztott) meggyőződései miatt törvényszék elé állítsák!? Akkortájt a román nacionalista érzület puszta emlegetése még mindig főbenjáró bűnnek számított.

A Ferivel folytatott beszélgetésekből, ha máshonnan nem is, tudtam, hogyan is zajlik egy koncepciós per. Bizonnyal akadna még jó néhány virtuális tanú. De ezeknek nem ők, én kellenék. Koronatanúként! A „nacionalista" Takács Ferenc internacionalista barátjaként. Akinek még a szülei is „illegalisták". Kell ennél vaskosabb „hitelesség"?

Halálra rémültem. (Pedig a bátyám kálváriáját még nem is ismerhettem.) Nemcsak Vilkát juttatom ezek börtönébe, hanem elveszítem amúgy sem tágas baráti körömet, a feleségemről, s a gyerekeimről – ha egyáltalán lesznek – nem is beszélve. Halálomig együtt kell élnem egy árulóval!

Vilka tehát nem „ügynök". Feri pedig nem érdekli őket. Végem van!

A vallomás java azonban már papírra került.

Már csak az aláírás hiányzott. Rájöttem, hogy az a „halálos ítéltemmel" lenne egyenértékű. Semmi körülmények közt nem mehetek bele. Rúgjanak ki az egyetemről, ítéljenek el. Feritől tudtam már, hogy ez nagyjából mit jelenthet. (Bár – hogy őszinte legyek – azt is sejtettem, hogy némileg más időket élünk.) Legyen, aminek lennie kell!

S akkor jutott eszembe kedvenc tantárgyam, a hermeneutika.

Aláírom, egyeztem bele, de hozzá kell „fűznünk" valamit: „Én valóban úgy éreztem, hogy Vilka akár a román–magyar helyzetről is értekezhetett volna. De ezt az irodalmi körön senki nem így értelmezte, én sem – ha így értelmezzük, szóba is hoztuk volna. Ha nem, mi értelme lett volna az egésznek? Én pedig – így utólag – akár tévedhetek is. Hiszen a szöveg mégiscsak Amerikáról szól, ahol a feketék helyzete tényleg katasztrofális. Tisztességes kommunistaként (akkor – igaz már csupán formailag – még mindig párttag voltam) nem vállalhatom, hogy olyasmivel vádolhassak valakit, amiről magam sem vagyok maradéktalanul meggyőződve.

(Kellemes érzés töltött el, hiszen a már nem is létező kommunistaságomra való hivatkozást immár nemesebb cél érdekében „kamatoztathattam".) Következett újabb húsz perc. A fenyegetéseké. Többet tudnak rólam, mint gondolnám... S gondoljak anyám illegalista nyugdíjára... (Akkor már az is volt.) Ez már ütősebb érvként hathatott, mivel apósom a maga nyomorúságos nyugdíjából nem támogathatott bennünket, valóban anyámra voltunk szorulva. Meg a rokonságról is többet tudnak, mint sejthetném, tették még hozzá. Ma már tudom, hogy itt a bátyámra utaltak, arra, hogy titkos csatornákon az ő (általam ismeretlen, de a lelkem mélyén gyanított) titka is nyilvánosságra hozható. Valaki nem lehetett a Ion Andreescu IMSZ-titkára – melynek ötvenhatos ülése nyomán többeket letartóztattak – anélkül, hogy ő valamivel „ki ne vághatta" volna magát... Azaz: „tot tacâmul"[40]. A maradék illúzióim is elillantak.

A halálos rémület enyhült. Immár tudtam, otthon vár rám a feleségem. „Bármibe, de ebbe a zsákutcába nem kényszeríthetnek bele." Újabb, hosszadalmas alkudozás után beleírtuk az általam igényelt szöveget is. Szó szerint.

Így már az előbbit is aláírtam.

Csak annak nem tulajdonítottam jelentőséget, hogy amúgy is a lap alján tartottunk. Új lapot kellett kezdenünk. Szinte lelkesen írtam alá, hiszen a szöveg ebben a formában jogilag már hasznavehetetlen. Rohantam Ferihez: „Szaladj Vilkához, s mondd meg neki, hogy ha a vallomásomat elébe teszik, kérje az utolsó oldalt."

Végül ejtették az esetet. Valószínűleg nem csak az én éles eszem miatt.

---

[40] Azaz „minden egyetlen csukorékban".

Vilka - már Magyarországon - valószínűleg itteni „barátaim"
jóvoltából, akik a fordulat után Magyarországra is kijuttatták -
később elolvasta a vallomást, de tényleg nem találta az általam
diktált szövegrészt. (De az őt „terhelő" néhány mondatot korrektnek
találta, azokkal nyilván „felmentése" után is azonosult.)
Évekkel később együtt véltük megtalálni a rejtély nyitját.
A legvalószínűbb, hogy a szerv szabályai szerint minden oldalt
valóban egyenként kellett aláírni. Én később így is emlékeztem.
Az utolsót tehát eltüntethették. Erre persze nekem sincs cáfolhatatlan
bizonyítékom... Több eset lehetséges. Feri félt átadni az
üzenetet. Számára valóban kockázatos lehetett. Vagy az általa
választott kevésbé gyanús közvetítő nem tette ezt meg.

Az esetet azonban nem csak Vilka úszta meg (ő csak úgy-ahogy,
rovarirtóként végezte hazai pályafutását), de én is. Az állítólagos
forradalomig még csaknem két évtized telt el. A Szekuritáté
többé soha nem próbálkozott velem. (Ez ma már hivatalosan is
ellenőrizhető.) Számukra végképp hasznavehetetlenné váltam.

38.

És akkortájt el sem lehetett képzelni ennél emberibb szabadságot.
Amit aztán később ki is használhattam. Némileg gyanússá
váltam, de leszálltak rólam. Egyetemi barátom, Molnár Gusztáv,
a Kriterion Kiadó szerkesztője, aki a *Századunk* című - mindig a
lehetőségek határait feszegető - könyvsorozatot szerkesztette,
egy alkalommal Sepsiszentgyörgyön is meglátogatott. Én akkortájt
(a mezőgazdasági „riportok" mellett) főként színikritikákat
írtam. Panaszkodtam a színház műsorpolitikájára. Sütő Andrást -
Páskándi Géza és Székely János mellett - én is a legjelentősebb
hazai drámaírónak tekintettem, de az utolsó drámáit már nem
tartottam az előbbi kettővel, *A lócsiszár virágvasárnapjá*val és a
*Csillag a máglyán*nal egyenértékűnek. Egy félóra múlva félbeszakított.
„Érdekes, amiket mondasz. De ne nekem mondd, írd meg!
És ne csak Sütőt, a romániai magyar dráma egészét érdemes lenne
górcső alá venni. Tudtommal még senki nem tette meg."

Meggondolkodtatott. Egy fél év múlva meg is volt a könyv. Vaskos változtatásokkal meg is jelent. Páskándi Géza, Kocsis István, Csiki László és mások már Magyarországon éltek. Kiderült, hogy a róluk megírt részeket már nem lehet közölni. Ők már (valamiféle nemzetárulók gyanánt) tilalom alá esnek. Így hát maradt Sütő és Székely János. Így is hatalmas botrány lett belőle. De a könyvet sokan (például Cs. Gyimesi Éva és Egyed Péter is) nagyra tartották. Guszti újabb szöveget kért. Én a marxi „történelmi szükségszerűség" doktrínáját próbáltam kivesézni. De kiderült, hogy máris feketelistára kerültem. S nem voltam egyedül. Cs. Gyimesi Éva, Fábián Ernő, Balázs Sándor és mások *Századunk*nak írt szövegeit is elutasították. Ekkor támadt Gusztinak az az ötlete, hogy kössük csokorba a *Századunk*-sorozat kiadhatatlan köteteit. Ekkor tetőzött a lengyel Szolidaritás mozgalom. Úgy tűnt: a kommunizmus eresztékei recsegni-ropogni kezdenek. Guszti meg volt győződve róla, hogy Ceauşescu sem húzhatja tovább öt esztendőnél. 1984 decemberét írtuk. A diktatúra *napra öt év múltán* valóban megbukott. (Szinte már ezoterikus precizitással.) Guszti '84. december 20. táján javasolta, hogy időről időre gyűljünk össze, s vitassuk meg a kiadatlan – tehát visszhangtalanná tett – köteteket. Izgalmas lesz összevetni a mai és az akkori véleményeket. „S egyben ki is beszélhetjük magunkat. Anélkül léphetünk ki egy »szabad világba«, hogy disszidálnunk kellene".) Ezek a szövegek egy szabadabb nyilvánosságban a mai reflexiókkal együtt láthatnak majd nyilvánosságot. A kört Guszti javaslatára Limesnek kereszteltük, s a vitákat magnetofonszalagra rögzítettük.

Az első találkozót Bukarestben tartottuk. Székelyföldről és Brassóból négyen indultunk Bukarestbe. A brassói Biró Gáspár vezette a gépkocsit, benne ült Fábián Ernő, Salat Levente és jómagam. Mikor magunk mögött hagytuk volna Brassót, Gazsi még figyelmeztette – a már idős és szívbajban szenvedő – Fábián Ernőt, hogy fontolja meg még egyszer, velünk tarthat-e, hiszen (Gazsi ügyvéd volt) az, amit elkövetni vagyunk lévendők, az az ötvenes évek óta változatlan román törvények szerint ma is államellenes összeesküvésnek számít, s ezt a „bűntényt" ma is minimum 22 éves börtönbüntetéssel lehet megtorolni. Elvben legalábbis.

Fábián gondolkodás nélkül legyintett: mehetünk. A körhöz később többen is csatlakoztak: Balázs Sándor, Cs. Gyimesi Éva, Lőrincz Csaba, Szilágyi N. Sándor, Vekov Károly és mások. Viszonylag hamar - máig sem tudom, hogyan - lebuktunk. A titkosszolgálat magához vette a dokumentáció jelentős részét. Néhány szöveget Guszti már korábban Magyarországra menekített. (Abból lett az első *Limes* című kötet - voltaképpen egy tervezett, de nem folytatott folyóirat első száma, melyet további visszaemlékezések követtek. A Balázs Sándoréi például.) De - amitől Gazsi féltett bennünket - nem következett be. Egyikünket sem tartóztattak le. Az eseményről néhány szóban a Szabad Európa Rádió is beszámolt. Ceaușescu számára egy ellenünk indított hajsza már fölösleges kockázatot jelentett volna. Jobbnak látta kevésbé látványosan megszabadulni tőlünk. Gusztit és Gazsit kiengedték Magyarországra. Nekem is volt már - viszonylag hamar - útlevelem. A családnak is készült. A távozási szándék érthető volt. Mindannyiunk feje fölött ott függött Damoklészkardja. Nem lehetett tudni, hogy ha a helyzet súlyosabbá válik, nem mi leszünk-e az első bűnbakok.

Közben azonban kitört a Temesvári Forradalom.

Sepsiszentgyörgyön mi mindannyian (azaz a feleségem és a két fiam is) kivonultunk farkasszemet nézni a biztonságiakkal. Az első sorban. (Ma sem tudom, milyen ésszel. Brassóban, Kolozsváron és másutt is áldozatok voltak, Temesvárról nem is beszélve. Feltehetőleg mi is, mint sokan mások, úgy éreztük már, hogy a helyzet valóban kibírhatatlan...)

A vérengzés nálunk szerencsére elmaradt. Különben nem véletlenül. Egy székelyföldi mészárlás talán az előbbieknél is súlyosabban eshetett volna a latba, s értelme sem sok lehetett volna.

Ceaușescu megbukott. A tévében (immár különösebb lelkesedés nélkül, hiszen a gesztusban *in nuce* a várható jövő is benne rejlett) végignézhettük gusztustalan kivégzésüket is. (Mármint az övét és a feleségéét.) Tárgyalás nem volt.

Paradoxnak tűnhet, de mi rögtön úgy döntöttünk, hogy bár volt vagy készült a magyar útlevelünk, maradunk. Máig nem bántuk meg.

33.

Nekem kezdetben, azaz a „lebukást" követően – formailag a kitelepedési „szándék" miatt – ott kellett hagynom akkori munkahelyemet, a *Megyei Tükör* című sepsiszentgyörgyi napilap szerkesztőségét. A feleségemnek (az elismerten kitűnő magyartanárnőnek) is távoznia kellett az iskolájából. Egy ideig a piacon árult fölöslegessé váló holmijainkból. Én – formálisan, egy jóakaratú mérnök jóvoltából – Salat Levente feleségével, Lőrincz József barátommal (aki főként román ellenzékiekkel tartotta a kapcsolatot) és egy számomra kezdetben ismeretlen kislánnyal a helyi gépgyárban kaptam állást. Nekem az import szerszámgépekhez mellékelt műszaki leírásokat kellett volna németről románra fordítanom. (A többiek angolból fordítottak volna.) Csakhogy akkor már szünetelt a szerszámgépimport. Olvasással, tanulással töltöttük a „száműzetést". Mellesleg tisztességes fizetésért. Számomra az a másfél év a Carnegie Alapítvány ösztöndíjával ért fel! Szellemileg a szó szoros értelmében készülhettem(tünk) a jövőre. Az egészet egy derűlátóbb humorú Kafka is kitalálhatta volna.

Ceaușescu bukása után jogilag minden esélyem meglett volna rá, hogy visszanyerhessem az állásomat. Hangadó kollégáim azonban (köztük néhány „nagy név" is), akik Ceaușescu alatt zokszó nélkül kiszolgálták a rendszert, mikor kiderült, hogy „rendszerellenes összeesküvésbe keveredtem", hátat fordítottak nekem, kerültek, mint egy pestisest, így aztán később sem szívesen fogadtak volna vissza. (Hasonlóan alakult a feleségem helyzete is.) Kellemetlen lett volna a szemünkbe nézniük. (Ez már egy keserűbb Kafka-mű témájaként is felfogható.) De akkor már én sem voltam hajlandó visszatérni hozzájuk. Még egy fél évig élveztem a román állam nagylelkűségét, aztán elfogadtam a *Brassói Lapok* ajánlatát. A feleségem egykori iskolámban, a Székely Mikó Kollégiumban kapott állást.

40.

Rövid ideig valóban úgy tűnt, kinyílik a világ. Vitatkozni már szabadon lehetett. A nekilendült eufóriának a marosvásárhelyi atrocitások vetettek véget. A nacionalizmus, amint azt én korábban is gyanítottam, szinte változatlanul fennmaradt, de már mérlegelhettük a lehetőségeket. S immár akadtak román szövetségesek is. A Bálványosi (később Tusványosi) Szabadegyetemeken is, melyeknek állandó részvevőjévé váltam. Feleségestől. A Brassói Lapok egy idő után már pénzügyi nehézségekkel küszködött. Hogy enyhítsek kollégáim helyzetén, elfogadtam a Bukaresti Egyetem Hungarológia Szakján felkínált állást. Addig ugyanis – a román–magyar együttműködés normalizálódásának reményében – a magyarországi sajtót is teleírtam derűlátó cikkekkel. (Politikai helyzetelemzések, irodalomtudomány, filozófiai esszék, a román demokratikus ellenzékről szóló tudósítások.) Magyarországi közleményeimből következett, hogy narratológiát és drámaelméletet fogok oktatni. Közben azonban a BL-nek is megszakítás nélkül írhattam.

Kis János, a magyar liberálisok, a Szabad Demokraták Szövetségének – az akadémiai szférába visszahátrált – elnöke, aki mellett a szocialista-liberális táborban közkedvelt cikkeimnek köszönhetően hat hónapot a Soros-féle Közép-európai Egyetemen (*Central European University*n, a CEU-n) „vendégasszisztensként" tölthettem, bécsi ösztöndíjra is javasolt. A CEU-n gyakorlatilag semmi feladatom nem volt, ugyanis igazán jól csak németül tudtam (azt is főként olvasni), az angollal küszködtem csupán, s ott Soros angolja volt a „hivatalos" nyelv... Egyetlen magyar nyelvű előadást kellett tartanom válogatott „kollégáimnak".

Örömmel vettem Kis János javaslatát, hogy egy – szakmai és nyelvi – gyönyörökkel kecsegtető bécsi ösztöndíjat is megpályázzak. Szomjaztam volna is német nyelvű tapasztalatcserére és főként társalgásra, hogy némettudásomat is tökéletesítsem. Brassóban – akkor még főállású újságíróként – a *Brassói Lapok*nál, az egykori *Kronstädter Zeitung* tőszomszédságában dolgoztam. A szász kollégákkal (még voltak néhányan) időként együtt is

kávéztunk. Zavart, hogy továbbra is kissé nehezemre esik a
német társalgás.
 Pályáztam tehát. Igaz, némi késéssel. Akkor már a Hungarológián
tanítottam. A jugoszláviai helyzet akkor kezdett feszültté válni. Számomra
a marosvásárhelyi atrocitások élménye nyomán aligha lehetett
kétséges az efféle helyzetek végkimenetele. Egy német nyelvű
tanulmányban szinte pontról pontra megjósoltam, mi fog következni, és „figyelmeztetettem": a várható konfliktusok megelőzésének egyetlen lehetősége van: a nyelvi-kulturális kisebbségek
(akkor jobbára etnikaiaknak nevezték őket) államokon belüli –
számomra magától értetődő – egyenjogúsítása.
 Egy napon – baráti látogatás ürügyén – hattagú családjával
megjelent náluk az SZDSZ egyik szolid híve, azon az alapon, hogy
szeretnék megismerni Erdélyt, és viszonzásul mi, a vendéglátók
is ellehetünk majd náluk egy hétig. Budapesten. A második variánsból nem lett semmi, a vendég azonban szinte már leplezetlenül
felleltározta a családi könyvtárat. (Ez még nem az édesanyámé
volt, ő továbbra is Köpecen élt, s már ismét olvasgatott, nem
hordhattam el a könyveit.) A vendég jobbára az Atlantisz, az
Argumentum, az Európa, a Gondolat kiadványaival találkozhatott. Azokra csak rápillantott. A Hóman Bálint és Szekfű Gyula
*Magyar Történeté*nél azonban látványosan elidőzött. (A kötetet
Szekfű *Három nemzedéké*vel, az említett Ady-kötettel és egyebekkel egyetemben egykor antikvárius apósomtól kaptam ajándékba
mint akkor már alig fellelhető, a hivatalos magyar nyilvánosságban még mindig ferde szemmel nézett kuriózumokat.)
 Alig egy hétre rá megérkezett a bécsi alapítvány válasza. Még
az édelgő tapintatba csomagolt „nem" is hiányzott belőle. Azt az
alapítvány által publikált folyóirat utolsó három számának – az
európai béke és demokrácia öröknek ígérkező szépségeit ecsetelő – példányaival kárpótolták. Hogy a megtisztelő látogatás és a
válaszlevél közt lehetett volna bármi összefüggés, akkor föl sem
merült bennem. Csak a döbbenet emléke maradt meg. Néhány
hónapon belül ugyanis kitörtek a jugoszláviai vérengzések.

41.

Bálványosi vitáink egyik leggyakrabban előforduló politikatudományi terminusa a *szubszidiaritás* volt. (Van, aki „belső szuverenitásként" emlegeti. Szerintem félrevezetően.) Úgy éreztük, társadalmaink minden rendellenessége ennek a fogalomnak a semmibevételéből fakad. Ami érthető is volt, hiszen az épp megbukott „népi demokráciák" végletesen központosított államszervezetek voltak, melyekben még a „nemzeti szuverenitás" is csak meghatározott keretek közt érvényesülhetett. Minden fontos döntés a központok központjában, a „szocialista munkatábor" kvázi hivatalos fővárosában, Moszkvában születhetett, s a döntések végrehajtását a helyi titkosszolgálatok fölött is közvetlen ellenőrzést gyakorló KGB tartotta kézben.

A „béketábor" elhunyta nyomán a „teljes értékűvé" vált nemzeti szuverenitás is csupán a szubszidiaritás egyik formájának tűnt, mely ezúttal a *megfelelő szinteken és hatáskörrel* nemzetközi szervezetek által meghozott döntéseknek (s a mögöttük lappangó Egyesült Államoknak) is önként (újabban egyre inkább kötelezően) alárendelődik.

Így aztán – bár édesanyámék káprázata már régen semmibe foszlott – bennem még mindig maradt valami az *egységes* – a kölcsönösség alapelveire alapozott – emberiség illúziójából. Ha a kommunizmus nem tudott kihúzni bennünket, határon túli magyarokat a szarból, megteszik majd azt az Amerikai Egyesült Államok égisze alatt eluralkodó egyetemes emberi jogok.

Ami érthető, hiszen a fenti értelemben vett szubszidiaritás alaposabb megfontolásra – *a szuverenitással ellentétben* – a tényleges, azaz a minden társadalmi csoport szabadságát alapértékei közt számon tartó demokrácia vezérelvének lenne (de legalábbis lehetne) tekinthető. Mint a – rendszerint pusztán az államokra értelmezett – szuverenitásnak az *államok alatti* és az *államok fölötti hierarchia* minden szintjére érvényes *megfelelője*. (A mai kvázi hivatalos demokráciaelmélet e gondolatokkal aligha értene egyet, de a számomra támadhatatlanoknak tűnnek.)

107

Az alapoktól indultunk. Az egyén függetlensége csupán a biológiai adottságokra terjed ki (melyeknek szintén vannak szociális komponensei, lásd öröklődés). Az individuum minden további sajátossága azonban döntően szociális természetű. Ibsen metaforájával szólva az egyéniség olyan, mint a hagyma: csak héjai vannak, magja nincs, azaz a magpusztán a genetikai meghatározottság. Az összes többi jellemvonást a társadalmi kapcsolatok (a héjak) determinálják. Azaz az elkerülhetetlen kötöttségek önkéntes elfogadásával járó – bizonyos értelemben mindig viszonylag alacsonyabb szintű, de az adott szinteken kölcsönösen egyenértékű – szabadság, közösségeken belüli és a közösségek közti kölcsönös összetartozás élménye gyanánt. Ez az egymás iránti, múltból magunkkal hozott ellenérzéseket kordában tartó *önuralom* a demokrácia voltaképpeni definíciója is lehetne.

Csakhogy az önuralom csakis az egyéni és a közösségi *autonómián* alapulhat.

Sajnos az efféle önrendelkezésről – számunkra legalábbis – hamar kiderült, hogy – ez idő szerint – gyakorlati lehetetlenség. A *nyelvi-kulturális* autonómia adekvát, de manapság mind ritkábban használt megnevezése ugyanis a nemzetközi jogban azóta már-már tilalmassá vált.

Mi akkor még hittünk benne... Voltak nyugati résztvevők is, Észak-Írországból, Katalóniából, Dél-Tirolból, Finnországból és máshonnan, akik hasonló véleményen voltak velünk. Utólag kiderült, hogy mindannyian kisebbségiek. A fogalom minden értelmében.

A Székelyföldet nemhogy autonóm területként nem lehetett elismertetni, de még csak területi egységként sem. A megyéket és a tartományokat igen... (De a félreértések elkerülése végett: a helyhatóságok pusztán *adminisztratív* képződmények, nem sok közük lehet a szó szigorú értelmében vett szubszidiaritáshoz mint sajátosan *szociológiai* kategóriához.)

Az elméletet köznapibb fogalmakra is megpróbáltuk lefordítani: egy férfi és egy nő azért áll össze házastárssá, mert eleve tisztázzák vagy tisztázottnak vélik azokat a kötöttségeket, melyek személyükben is szabaddá teszik őket. Még szexuálisan is. (A szabadságfokok idővel módosulnak, részben a gyerekekre helyeződnek át, de normális esetben mindvégig fennmaradhatnak.)

S a megfelelő átrendeződésekkel ugyanez lehetne érvényes a tágabb közösségekre, a rokonságra, a településre, a régióra, az államra, az államközösségekre vagy azokra a lazább államszövetségekre, melyekből végül a teljes emberiség összeáll. A fogalom adekvát értelmezésében a „szub"-összetevő nyilván viszonylagos, azoknak a szinteknek a függvénye, melyeken az autonómia igénye felmerül. Azaz a nemzetközi intézmények vonatkozásában az *állami szuverenitás* is csupán a szubszidiaritás *sajátos formájaként* értelmezhető.

Az Európai Unió alkotmányának ide vonatkozó kitételeiről sajnos ma már a szűkebben értelmezett szuverenitás vonatkozásában is csak azoknak az államoknak az esetében esik szó, melyek igyekeznek ellenállni a brüsszeli „elit" központosítási törekvéseinek, ismertebb nevén az Európai Egyesült Államok létrehozásának, mely voltaképpen az állami szuverenitás, azaz a megfelelő szintű szubszidiaritás felszámolásával is járna. Az Unió esetében ugyanis az egyes államok, főként a kisebbek szuverenitásának maradványait fokozatosan felszippantja a mind agresszívabb központi akarat, mely a maga részéről viszont az Amerikai Egyesült Államok egyre erőtlenebb (de Európában máig hatékony) „demokráciaexportjának" rendelődik alá. Maga is mindinkább feladva a szubszidiaritásra támasztott igényeit. Az önkéntességet – ezen a szinten az önrendelkezés igényét – sem illik emlegetni. (Lásd „orosz–ukrán" háború.)

Pedig a szubszidiaritásnak a „kisebbségi" identitások védelmét kellett volna garantálnia. (De melyik identitás nem kisebbségi?) A többségi és a kisebbségi identitások megkülönböztetése is a szubszidiaritáshoz szervesen kötődő hatásköri (voltaképpen területi) problémákat implikált. Mi akkortájt – egyfajta wishful thinking jegyében – úgy próbáltuk elgondolni, hogy a nyelvi-kulturális közösségek egy szuverén államterületen globálisan továbbra is hierarchikus rendbe szerveződhetnek ugyan, de a szubszidiaritás jegyében területileg autonómok maradhatnának. (Azaz a *hierarchia* és a *mellérendeltség* harmonikus egységet alkothatna.)

A szubszidiaritás-elv sokunk számára azt is lehetővé tette volna, hogy a csoportalkotásra képes kisebbségek masszív többségi környezetben, úgynevezett szórványban is élhessenek a részleges függetlenség jogával, ahogyan az álságos többségek (például a székelyföldi román *kisebbség*) is elsődlegesen a székelyföldi (és nem az országos) *többség* jogkörébe tartoztak volna. (Azaz autonómiáikat nem az *országos többséghez való tartozásukból*, hanem – a székelységével azonos – *helyi kisebbségi jogaikból* eredeztethették volna.) A szóban forgó függetlenség hatásköre (a szubszidiaritás megálmodott definíciójának megfelelően is) csak az adott csoportot is érintő vagy kizárólagosan rájuk vonatkozó ügyekre terjedhetett volna ki. S a döntések végrehajtását az adott terület többséget képviselő igazságszolgáltatási és rendfenntartó szervei ellenőrizték volna. Az utóbbi intézmények természetesen az országos ügyekben az országos hatóságoknak is alárendelődhettek volna. Nyilván az ország minden településére vagy régiójára kiterjedő jelentőségű ügyekben. Ahogyan számos vonatkozásban az utóbbiak is az Unió intézményeinek is alárendelődnek.

Számarányától függetlenül az adott területen élő nyelvi-kulturális közösségek egyike sem támaszthatott volna igényt arra, hogy nyelvét, kultúráját, történelmi hagyományait a vele együtt élő, számbelileg kisebbségi közösségekre ráerőszakolja.

A dolgok sajnos nem így alakultak.

Az Európai Unióhoz fűződő kisebbségi remények fokozatosan meghiúsultak. Többé már szó sem eshetett az „etnikai" (tisztább terminussal a nyelvi-kulturális) közösségek területi fellazításának – kezdetben még el-elhangzó – tilalmáról sem. A kisebbségek által lakott települések, régiók, szórványzónák lakossága a kommunista diktatúra évtizedeiben – iparosítás fedőnév alatt – a gátlástalanul zajló betelepítések, majd a diktatórikus törekvések ismételt felerősödése miatt bekövetkezett (a 20. században sokadik) kivándorlási hullám következtében töredékeire apadt.

Így aztán a nemzeti szuverenitás az adott körülmények közt azt (és gyakorlatilag csakis azt) jelenti, hogy „szuverén" nemzetállamainak határain belül a többség a kisebbségeivel továbbra is azt (vagy csaknem azt) tehet, amit akar.

Rolf Eichelpasch és Claudia Rademacher *Identitás* című könyvükben[41] világosan ki is mondják, hogy a nemzet (értelmezésemben a nyelvi-kulturális közösség) és az állam mint a politikai-adminisztratív szuverenitás birtokosa közt ellentét feszül. Benedict Andersont idézik, aki szerint a nemzet pusztán fikció, „képzelt közösség", melynek „tagjai" nem állhatnak egymással közvetlen kapcsolatban. Az efféle – szerinte kizárólagosságra alapozott – nemzet-fogalomnak szükségszerűen nacionalizmusba vagy rasszizmusba kell torkollnia. Az *Identitás* szerzői úgy vélik, hogy a későmodern állam csakis hibrid (kevert) „identitásokon", azaz eltérő kultúrákból, nyelvi közösségekből származó asszimilánsok valamely domináns nyelvi-kulturális elit által megszervezett egyedeinek homogén tömbjén alapulhat.

Az Unió államainak szemében manapság a fenti értelemben vett állami szuverenitást – azaz a külső és belső határok megváltoztathatatlanságának legfőbb biztosítékát – valóban az Európai Egyesült Államok létrehozása látszik megteremteni. Azaz: az európai alapszerződés idevonatkozó kitételei bizonyos államok közvéleményének szemében még mindig gyanúsok. A *Századvég* Európa-projekt egyik legújabb kutatása szerint Európa öt állama ragaszkodik az Európai Egyesült Államok projektjéhez. S mit ad Isten? A két jelentősebb állam: Spanyolország és Románia. Mindkettő hithű „szuverenista". Nem mintha a lényeget illetően az Unió domináns államai: Németország, Franciaország, Olaszország is nem lennének azok...

Rá kellett ébrednem, hogy amit ma látunk, még csak nem is a szuverenitások megszilárdításának, hanem a föléjük rendelt centralizációknak az alakzata. A nagyhatalmak csak önmaguk – sokszor

---

41 Rolf Eichelpasch, Claudia Rademaqcher: Identität, Transcript Verlag, Bielefeld, 2004, 68-104.

már-már erőszakba torkolló – „szuverenitását" tartják a lét egyetemes elveivel (az egyetemes emberi jogokkal, az „egyén" kvázi szabadságával, és egyebekkel) összeegyeztethetőnek. A hierarchiákat fentről lefele szeretnék fenntartani, illetve bebetonozni. Az individualizmus sem megbontja, inkább tovább erősíti ezt a törekvést.

Rá kellett ébrednem (ébrednünk), hogy ifjúkori álmaink talán ma is ugyanolyan káprázatok, mint szüleim (szüleink) csaknem egy évszázaddal korábbi bódulatai.

III.

I.

A vihar elvonult. Hősünk azonban szülei (gyakorta riasztóan skizofrén) személyiségével – minden szeretete ellenére – azóta sem tud zöldágra vergődni. De önmagával sem könnyű. Az embernek az az alapélménye, hogy ő születésétől haláláig ugyanaz a lény. Jogilag ugyanannak a személynek is számít. A lét alapvető kérdéseiről valóban nem változott a véleménye. Ő is elejétől fogva ugyanazokkal a kérdésekkel vívódott: Mitől vagyunk azok, akik vagyunk? Honnan tudhatjuk, hogy – egyének vagy közösségek gyanánt – egyáltalán vagyunk? Ahhoz, hogy ezt megítélhessünk, a tudatunk mélyén léteznie kell egy másik énnek, egy rejtett egónak, aki szemlél, megfigyel, megítél bennünket. Aki „olvassa", sőt „értelmezi" a gondolatainkat. Tud a létezésünkről. Hagyományos értelemben vett énünk (az egyéni és a közösségi individualitás is) változhat, hiszen folytonosan alkalmazkodnunk kell a környezet által modellált – kiismerhetetlenül bonyolult, mert önmagukban is folyamatosan változó viszonyokhoz. Az individuumnak azonban, legyen az a szó hagyományos értelmében vett individuum vagy „oszthatatlan" közösség – éppen az egymást kölcsönösen meghatározó és korlátozó összetevők roppant bonyolultsága következtében –, vannak *konstansai* is.

Melyek semmi körülmények közt nem változhatnak.

Ő (mármint az első személyű elbeszélő) hagyományos értelemben vett individuum gyanánt is minden lényegi vonatkozásban „internacionalista", csakhogy a nemzetköziséget – hívják azt globalizmusnak, bárminek – továbbra is csupán egymást *kiegészítő* és nem *kizáró* „nacionalizmusok" gyanánt tudja elképzelni. (Ezt a komplexitást írhatná le a magyar *nemzetköziség* fogalom is.) Hogy ez ma sokak – sőt az emberi társadalmak többsége – számára szinte elképzelhetetlen, az ő szemében egyszerűen abszurdum. (Lásd a hazafiság fogalmának dühödt elutasítását az Európai Unióban.) Miért lehetne csupán egymás nélkül, sőt egymás ellenére nagybetűs Embernek éreznünk magunkat? Hiszen maga a patriotizmus sem egyéb, mint *egyfajta közösségi individuum*. (S mint fogalom semmiképpen sem negatív zöngéjű.) Ezt a meggyőződést a szülei is osztották. Még ha ők ezt nem mindig filozófiai vagy természettudományos fogalmakban tudatosították is.

Ez az alapkérdés volt az, ami minden különbözőségük ellenére összehozta, és végig, minden másság dacára összetartotta őket. *Magyarok akartak maradni Romániában*. S minket, gyerekeket is azoknak akartak megtartani. A – szó szűkebb értelmében – a *Székelyföldön*. Család gyanánt. S mivel ennek az igénynek (ténylegesnek tűnő) lehetőségét csupán a kommunizmus látszott felkínálni, kommunistákká lettek. Ők maguk talán nem is tudtak erről, de az a bizonyos rejtett – lényege szerint transzcendens – ego, mely egész életük folyamán figyelte és irányította őket, mégiscsak tudott róla.

A probléma azonban az, hogy a „feladat" személyiségüket egészen másként alakította. Mikor kiderült, hogy a hivatalosnak tekintett kommunista ajánlat *hamis*, az anya a munkában (azaz a helyhatósági adminisztrációban) és az ábrándokban keresett menedéket. Az apa a munkában és az élvezetekben. És mégis megmaradtak a családnál mint a nyelvi-kulturális közösség kicsinyített másánál. Őket is, akárcsak a középkor embereit, egy külső parancs utasította egymás mellé. S kezdetben ők is szerelemben, majd türelemben és egyetértésben, a családot és egymást szolgálva élték le az életüket.

A családban végül is ugyanazt valósították meg, amit a kommunizmusban szerettek volna: az egymást kiegészítő, és nem kizáró identitásokat. Hősünk soha (még Ida néni miatt sem) hallotta veszekedni vagy gyűlölködni őket. Olyannak fogadták el egymást, amilyenek. S történhetett mindez azért, mert az a bizonyos belső megfigyelő felülkerekedhetett a puszta egoizmuson, azaz a csupán külső énjüket érintő önérzeten.

2.

Eddig jutott a hevenyészett gondolatmenetben, amikor ismét eszébe jutott a bátyja (tudata alatt végig ott lappangó) halála. Az öccse, Boti közölte a halálhírt, aki már évtizedek óta Hódmezővásárhelyen élt. Azonnal el kellett temetni, mert már napok óta hevert a békéscsabai halottasház egyik hűtőszekrényében. Senki nem kereste. Bátyjuk '89-ben már súlyosan alkoholista volt. Amint azt a szomszéd városban, Hódmezővásárhelyen élő rokonság emlegette, egy hasonszőrű feleséggel élt, helyesebben vedelt együtt. Versenyben. Ő már nyugdíjas volt, de feleségének az egyik gimnáziumot a másikkal kellett folyton felváltania...

Amíg még itthon éltek, hősünk sűrűn tartotta bátyjával a kapcsolatot, gyakorta találkoztak is, bár Géza – még harmadik – feleségével Váradon élt, ők meg továbbra is Sepsiszentgyörgyön. Magyarországon, egészen pontosan Sárospatakon és Békéscsabán már nem sikerült. Géza hősünk első könyvének a budapesti Írók Boltjában rendezett bemutatójára sem jött már el, bár telefonon többször is megígérte. Aznap is berúgott. Aztán már ők sem jártak Magyarországra. Túlságosan öregek és fáradtak voltak hozzá. Géza sem járt haza. Öccsével találkozott néha a szomszédos Hódmezővásárhelyen. De hősünk a haláláról sem hódmezővásárhelyi öccsétől szerzett tudomást (hiszen ő maga sem tudott róla, a rendőrség kereste fel), hanem a feleség erdélyi testvérétől, aki egy telefonhívásban szemükre hányta, hogy hagyják testvérüket, aki a nővérét „kiforgatta mindenéből" a halottasházban rothadni. (Gézának – említettem – az átlagnál jóval nagyobb nyugdíja volt. Az állását folyton cserebérélő feleségét pedig aligha lehetett bármiből is kiforgatni.) Már csak a sírnál látogathatták meg. (A halálról Botit sem a feleség értesítette, nem volt képe hozzá.) Géza kétszer követett el öngyilkosságot. Először gyógyszer-túladagolással próbálkozott kimenekülni egyfajta szivárványszínű pokolból. Megmentették, de a kórházból még aznap egyenesen az állomásra ment, és vonat elé vetette magát. Boti szervezte meg a temetést is.

Hősünk a sírnál értette meg a halál igazi okát is. Addig a család úgy vélte, hogy a feleség és barátnője hajszolták a halálba. Ő rájött, hogy talán mégsem egészen. A kommunista utópia, mely szüleit még képes volt – ha eltérő értelemben is – együtt, sőt életben tartani, legszebb éveikben nemzett fiuk utolsó éveit pokollá tette. Magánéletileg, művészileg, sőt, bizonyos mértékben jellembélileg is. Azért menekült át Magyarországra is, s hagyta nagyanyjára anya nélkül maradt egyetlen fiát, hogy múltjának nyilvános feltárása miatt, ami halála után ugyan, de lám, valóban be is következett, ne kelljen szégyenkeznie. A lelkiismerete: a család és az ismerősök elől menekült. Neki is, akárcsak a talán legjelentősebb – de szintén besúgóvá kényszerített – erdélyi költőnek, Szilágyi Domokosnak, az öngyilkosság szintén csak másodszorra sikerült.

Azok, akik végül halálba kergették őket, még jó ideig elégedetten éldegélték a maguk boldogságos életét.

3.

A printerén kinyomtatta Tófalvi levelét, hogy legalább a fiainak legyen tudomásuk róla, milyen világban éltek, s – ki tudja – talán ma is élnek. A nagyobbik még másnap elolvasta. „Nekem is van tőle három képem. Tehetséges volt. Nem nagyon értem, miért is nem vitte semmire. Az meg, hogy aláírta a besúgói kötelezvényt, nem jelent semmit. Akkortájt még serdülő voltam, de még én is emlékszem rá, hogy – így vagy úgy – mindenki együttműködött a rendszerrel, vagy csak némán, azaz – mondjam azt? – sunyin úgy tett, mintha nem venne tudomást semmiről. S különben is: érdemes lett volna börtönt vállalni egy döglődő hatalom megdöntéséért? Lám, megbukott az magától is... Remélem, te sem gondolod, hogy ti döntöttétek meg a titkos Limeseitekkel. Besúgás! Különben is. Ma már ki nem szarja le?!"

Hogy Géza volt az '56-os kolozsvári per egyik koronatanúja (!), az neki már nem sokat mondott...

IV.

A történet mindazonáltal lezárhatatlan. Tanulságai így is filozófiai mélységekig világítanak. Talán nem csak számomra. Mai esélyeinkről egy, a kolozsvári Korunkban megjelent interjúban a román Dan Culcer is úgy véli: „A mi Európánk (...) a Lajtánál kezdődik és az Elbrusz hegységnél ér véget. De nem foglalja magában a birodalmakat és az egykori birodalmak oszlopait. Magyarország kivétel, amely nélkül szerintem a kis és közepes országok Európája elképzelhetetlen. Végzetes hiba lenne Magyarország mellőzése e geopolitikai konstrukcióban. (...) Az említett övezet országainak gazdaságát komplementernek nevezhetjük. (...) Gazdasági együttműködési kapcsolatok teremthetők közöttük, olyan elvek és valós helyzetek alapján, amelyekben a hasonlóság és a megegyezés az uralkodó."[42]

Culcer szerint a szóban forgó régió Romániát, Magyarországot, Lengyelországot, Litvániát, Észtországot, Lettországot, Bulgáriát, Szerbiát, Szlovákiát, Horvátországot, Makedóniát, Montenegrót, Albániát, Ukrajnát, Beloruszt, Görögországot, Ciprust, sőt még Törökországot is magában foglalná.

Az efféle elképzelések persze ismét csak értelmiségi káprázatnak tűnhetnek. Feri, egykori egyetemi kollégám és barátom – még Ceaușescu alatt – Izraelen át Magyarországra emigrált, ahol végül a két világháború közti Románia, s azon belül a Vasgárda legjelentősebb szakértőjévé képezte magát. Félreérthetetlenül kimondja: „Rosszul szolgálják a két nép megbékélését azok a román történészek, akik ma is egyoldalúan mutatják be az

---

42 Dan Culcer – Ceke Gábor: A hajósok visszatérnek. Aszimmetrikus interjú az ASYMETRIA-ról és még sok minden egyébről. Korunk, 2014/12, 68.

akkori (a két világháború közti – B.B.) valóságot. De az is lehet, hogy nem is akarnak megbékélésre törekedni addig, amíg a Magyarországtól 1920-ban elszakított területeken nem aszszimiláltak vagy el nem üldöztek minden magyart. Addig gyűlöletre kell nevelni minden románt, el kell hitetni velük, hogy a magyarok olyan emberek, akikkel szemben könyörtelenül kell alkalmazni azt az elvet, miszerint a román állam csakis a románok nemzetállama. Addig hallgatni kell mindarról, ami enyhíthetné a gyűlöletet. Például román történésztől még soha nem olvastam, hogy Észak-Erdélyben 1940–1944 között a magyar nyelvű gimnáziumokban kötelező módon bevezették a román nyelv tanítását."[43] (Erről – különös módon – mintha Dan Culcernek sem lenne tudomása. De hát honnan is lehetne? 1941-ben született. Más kérdés, hogy erről a magyar nyilvánosság sem tud, vagy csak nem beszélhet...) Takács végül joggal sugallja a kérdést: elképzelhető lehetne-e akár valami hasonló a mai – Nyugaton a kisebbségi kérdés megoldásának példaképe gyanánt emlegetett – Romániában?

Én is megalapozottnak tarthatnám Feri pesszimizmusát, ha hozzátennénk: a – valóban máig kirekesztően nacionalista – román hatalomnak a magyarságot csak akkor sikerülne *rövidebb* távon is eltüntetnie, ha a mainál kedvezőbb lehetőség nyílna rá. (Sorsunk *hosszabb* távon, ha a kisebbségi kérdés mai megközelítése nem változik, mindenképpen meg van pecsételve...) Csakhogy a történelem nyitott. A nemzetközi és a társadalmai viszonyok – az előbbiektől korántsem függetlenül – egyik percről a másikra megváltozhatnak. Amin nem föltétlenül a határok újabb önkényes tologatását kellene értenünk, hanem az emberi természet és a társadalmi együttélés – reményeim szerint is örökéletű – *léttörvényeinek* józan tudatosítását.

Újabban máris vannak román értelmiségiek (zömmel fiatal történészek), akik – ha még csak áttételesen is – a megbékélés,

---

[43] Takács Ferenc: A Mihály Arkangyal Légió, Erdélyi Magyarok Közhasznú Egyesületének kiadása, Szekszárd, 2012, 385.

sőt legalábbis szakmai vonatkozásban a kölcsönös két- vagy többnyelvűség mellett *merészelnek* érvelni. (Mert ma még jókora bátorság szükségeltetik ehhez is...)

De a magyarul anyanyelvi szinten beszélő Dan Culcer, aki – igaz, ma már Párizsból – úgy véli, hogy tájainkon „...az utolsó kétszáz évben hiányzik a kellően erőteljes hagyománya a programszerű kölcsönös megismerésnek kulturális, illetve szigorúan nyelvi szinten. Márpedig *kommunikálni képtelenség* akkor, ha nem ismerjük, méghozzá *alaposan* (kiemelések – B.B.) egymás nyelvét. A kelet-európai országok elitjei viszont súlyosan tévedtek az említett két évszázad során (...), amikor a kelet-európai országokban beszélt nyelvek kölcsönös elsajátítása helyett bizonyos történelmi időszakokban a közvetítő nyelveket részesítették előnyben, mint a franciát, az oroszt, a németet, most meg éppen az angolt, tehát a birodalmi nyelveket, melyek inkább a szűrő szerepét töltötték be, háttérbe szorítva a közvetlen kapcsolatokat. Viszont épp a közvetlen kapcsolatok hiánya kedvezett a kívülről jövő, általam tágabb, birodalmi értelemben imperialistának nevezett manipulációknak."[44]

S hasonlóan vélekedik Christian Sandache, a Galaci Egyetem oktatója is: „Úgy gondolom, a románoknak sokat kell tanulniuk a magyaroktól, és a két nép egyetlen lehetősége a jövőre vonatkozóan az összefogás. Ilyet csak a másik értékeinek ismeretében lehet elérni, és ebben a tekintetben kell meglennie a kölcsönös akaratnak. Mert a közös akarat és vágy szükségeltetik ahhoz, hogy tiszteljük egymást. A magyarság – Erdély többi népcsoportjával együtt – alapvető szerepet játszott e térség civilizációjának kikristályosodásában. A székelyek pedig a lendületes tradicionalizmus, szolidaritás és állandóság példáját képezik."[45]

Úgy tűnik, mégsem zárható ki, hogy a következő évtizedek kataklizmái a szó szoros értelmében rá fogják kényszeríteni népeinket arra, hogy a mindenki számára létkérdésnek

---

44 Culcer – Cseke, I.m., 60.
45 Háromszék, 2024. június 22, Simó Márton interjúja

tekinthető empátia, s az erre alapozott – tökéletessé soha nem tehető, de egyre természetesebb gyanánt elfogadtatható, sőt idővel ösztönösen elfogadott – *harmonikus együttélést*, egymás nyelvének és kultúrájának (a közember esetében legalább elemi szintű) ismeretét a békesség legádázabb ellenségeinek utódai is az egyetlen életképes alternatíva gyanánt ismerhessék fel. Más életlehetősége ugyanis az emberiséget fenyegető válságok mai körülményei közt egyetlen államnak sem marad.[46]

S hasonlóképpen vélekedett a kor egyik legjelentősebb magyar írója és gondolkodója, Mészöly Miklós is: „Minthogy a lelki, ösztöni, politikai imperializmus az ilyen sorsú »kis népeknek« nem lehet már energialekötő gondjuk, kísérletet tehetnek a kiüresedett, illuzórikussá vált értékeknek nem csak új szempontú kimunkálására, hanem merőben újak megalapozására is – így teremtve meg a megmaradás kikezdhetetlen feltételeit."[47] Szerinte is nyilvánvaló volt, hogy „A történelemtudomány kivételes szabadsággal használható ki, hogy értelmezései kizárólagosként népszerűsíthessenek és a társadalmi tudatot formáló oktatás alapjává váljanak. S ez azért is lehetséges, mert bizonyos határon túl az értelmezés kísérletei kielégítően nem cáfolhatók és igazolhatók."[48] De – tehetjük hozzá – a legsötétebb manipulációkról előbb-utóbb elkerülhetetlenül lehullik a lepel...

Borsi-Kálmán Béla – aki a már elhunyt Miskolczy Ambrus mellett a kérdéskör legmélyebbre tekintő magyar szakértője – *ma is úgy* véli, hogy „a múlt kimeríthetetlen példatárából esetleg óvatosan és újra vissza lehet(ne) térni a Közép- és Délkelet-európai

---

46 A kölcsönös kétnyelvűség gyakorlati kialakítására és közéleti hasznosításának lehetőségeire vonatkozóan lásd még Bíró Béla: Terminusok és sorskérdések, Valóság, 2021/10, 58-70, illetve Időgyulladás, Esszék, kommentárok, jegyzetek, Kolozsvári Művelődés Egyesület, 2021, Kolozsvár. Különösen Az asszimiláció gubancai című fejezetet érdemes elolvasni a 473-501 oldalakon.
47 Mészöly Miklós: Esélyek és kockázatok a kétezredik év küszöbén, Valóság, 1986/3, 47.
48 Uo.: 49-50.

nemzetállamok tökéletes egyenrangúságon alapuló – tehát
a *szuprémáciát* végképp sutba vágó – szövetkezésének és laza
államjogi – társulásának (...) újra elővett és eredménytelenül érvényesíteni próbált kísérletéhez, a Duna-Konföderáció
eszmevilágához."[49]

S mindez a jelenlegi helyzet várható következményeinek
perspektívájában (ha egyáltalán túléljük őket) valóban nem
tűnik puszta utópiának.

Nehezen kétségbevonható, hogy a természet és a társadalom
önszervező rendszerek, melyeket huzamosabb ideig nem lehet
megerőszakolni. Ezek a rendszerek (a görög-római kultúra, a
középkor és az újkor legfontosabb értékeit szintetizáló B-KB fogalomrendszerével élve) csakis a „nemesi és polgári" hagyomány
és értékrend „finomszálú, szerves kapcsolatgubancain" alapulhatnak. Egy olyan az archaikus társadalmakra is visszanyúló
szintézisen, melyben egyetlen állam sem törhetne hegemóniára,
s melyben az egyes államokon belül is tilalmas lenne „bármely
nyelv egyeduralma a többi fölött".

Ez – tehetjük hozzá – ma már csakis az európai uniós többség által épp makacsul kiiktatni szándékozott vétó szilárd
jogelvén alapulhatna, mely egyetlenként képes működtetni az
elfogulatlan egyeztetés és megegyezés valóban demokratikus
intézményeit, s ezzel lehetetlenné tenni, hogy bármelyik fél
visszaélhessen (demokratikusnak vélt) természeti vagy társadalmi előnyeivel. (Mint amilyenek a gazdasági potenciál, a
katonai hatalom, a médiabefolyás, a népességszám és egyebek.)

Mindazonáltal aligha tévedünk, ha úgy véljük, hogy minden
hátrányunk ellenére van egy mások számára kevésbé hozzáférhető előnyünk is. Hamvas Béla már sok évtizeddel ezelőtt
figyelmeztetett: „Magyarország történelmi szerepe ma az, hogy
mivel a legtöbb tűzön égett át, mivel a legtöbbet szenvedett, s
éppen ezért ma a legtöbbet tud, ezért a világ által várt új értelmet

---

[49] Borsi-Kálmán Béla: Mitévők legyünk? 3. rész, Utóhang, Hitel,
2024/6, 97-98.

megtalálja, kibontja, legmélyebben meg tudja érteni a létet, és az új értelmet ki fogja fejezni."⁵⁰ (A magyar kormányzat valóban ezt az új értelmet próbálja kitapogatni...) Ehhez persze mindenekelőtt az szükségeltetne, hogy kölcsönösen megbocsássuk önmagunknak, amit a velünk együtt élőkkel szemben (a távolabbi és a közelebbi múltban) elkövettünk. S kölcsönös kiigazításokkal olyannak fogadjuk el egymást, amilyenné formált bennünket a közös történelem. Effélére a román történészek zöménél, hogy finoman fogalmazzak (egyelőre?), én is csak szórványos (de ha felbukkannak, annál káprázatosabb) hajlandóságot látok. Bennünket a történelem úgy formált, hogy mi már inkább hajlanánk rá. Nem csak a honi öngyűlölet hatására, melyből Magyarországon (de időnként Romániában) sincs hiány, hanem immár spontán belátásból. Tudjuk, hogy mi sem vagyunk jobbak másoknál, de mi legalább igyekszünk többségünkben azok lenni. Más kérdés, hogy mi is elszántan ragaszkodunk a másságunkhoz. De másoktól sem vonnánk meg a jogot, hogy ugyanezt tehessék. Egykor szakállas közhely volt, hogy az egyenlőség csakis másságok egyenlősége gyanánt válhat valósággá. A nemzetközi nyilvánosság mára mintha megfeledkezett volna erről is. Ahogyan arról is, hogy egymás igazságának meg- és elismerése nélkül az – őt magát is megteremtő természeti és társadalmi erőket „leigázó" – ember nem tudhat „élni se, halni se immár".

Az egyetemessé turbózott egyenlőség (kendőzetlenebb kifejezéssel: a tökéletes „homogenitás") illúziója merő képzelgés. S bármennyire bódítónak tűnik is kezdetben, végül puszta káprázatnak bizonyul. A káprázatok pedig – a kommunizmuséi, a fasizmuséi vagy (manapság) az alapelvvé csupaszított individualizmuséi – csakis fékezhetetlen gyűlölködésekbe torkollhatnak.

Vagy azért, mert az igazodás *skizofréniái* roncsolják szét az egyéniséget, vagy azért, mert az individuum mindenhatóságának

---

50 Hamvas Béla: A világ hazahívása. Budapest, 2020, Medio Kiadó, Hamvas-életműsorozat, 33. kötet, 97.

rögeszméi verik szét az egyénhez hasonlóan *nagyon is reális* nyelvi-kulturális közösségeket: a nemzeteket és a családokat. Mindenik gyilkos indulatokat generál, s ezzel (sajnos a szó szoros értelmében) öl. Akár mások, akár önmaga ellen irányulna.

V.

A fentieket hősünk már ismét a kert virágai, gyümölcsfái, madarai közt – a felesége emlékeit és érveit is segítségül hívva –, a tavasz első, korán jött heteiben vetette billentyűkre. Hogy megkönnyebbülhetett volna tőlük? Erre a kérdésre – úgy vélem – továbbra sem lenne képes megnyugtató választ adni... Jól tudja, számára már nem sok lehet hátra, de azt is, hogy a keresést utolsó percéig nem lehet képes abbahagyni.

Csak és csakis a láthatáron derengő káprázat-foszlányok adhatnak még némi tartalmat maradék – olyan-amilyen – életének.

Értékelje ezt a **könyvet** honlapunkon!

www.novumpublishing.hu

A szerző

Bíró Béla 1947. február 18-án született, az erdővidéki Baróton. Iskoláit Köpecen, Sepsiszentgyörgyön és Kolozsváron végezte. Kolozsváron doktorált. Főállású újságíróként a Megyei Tükör szerkesztőségében kezdett dolgozni 1971-ben. 1990-től a Brassói Lapok szerkesztője, majd rovatvezetője lett. Ma is főmunkatárs. 1996-tól 2012-ben bekövetkezett nyugdíjaztatásáig a Bukaresti Egyetem Hungarológia szakának, majd a Sapientia EMTE csíkszeredai karának oktatójaként dolgozott. Végezetül az utóbbi professzor emeritusa lett. 1971-gyel kezdődően főállású újságíróként, majd külső munkatársként folyamatosan publikált hazai és külföldi lapokban, folyóiratokban. Kötetei, tanulmányai jelentek meg több nyelven. Öt esztendeje a Kolozsvár melletti Magyarvistán él. A legutóbbi időkig is rendszeresen közöl a kolozsvári Szabadságban, a Maszol-online-on, a Brassói Lapokban. Kulturális és politikai tárgyú jegyzeteit a román rádió magyar adása sugározza. Számos sajtó- és irodalmi díjjal tüntették ki, majd 2012-ben irodalmi munkássága elismeréseként Magyar Arany Érdemkereszttel tüntették ki.

A kiadó

**Aki feladja,
hogy jobbá váljon,
feladta,
hogy jobb legyen!**

E mottó alapján a novum publishing kiadó célja az új kéziratok felkutatása, megjelentetése, és szerzőik hosszútávú segítése. Az 1997-ben alapított, többszörösen kitüntetett kiadó az egyik legjelentősebb, újdonsült szerzőkre specializálódott kiadónak számít többek között Ausztriában, Németországban és Svájcban.

Valamennyi új kézirat rövid időn belül egy ingyenes, kötelezettségek nélküli kiadói véleményezésen esik át.

További információkat a kiadóról és a könyvekről az alábbi oldalon talál:

www.novumpublishing.hu